不被情緒左右的 28個練習

「引きずらない」人の習慣

西多昌規——著

劉姿君 譯

suncolor 三采文化

前言

將「被情緒影響」的痛苦，化作前進的能量

「昨天，我老闆因為文件不齊把我罵到臭頭，害我一直嘔到現在。」
「這幾年，我每天努力工作狂加班還是沒用，業績不好就不被肯定。」
「二十年了，自從我失誤害球隊輸球以來，我就很怕壓力。」

工作上的挫折、失戀、離婚，被朋友出賣和金錢糾紛……

這些**「痛苦的事」，沒有人能夠一輩子完全避開。**

即使如此，有人能夠像什麼事都沒發生過一般，抱著「下次會更好」的信念愉快度過每一天，也有人會**一連幾天甚至更久的想著「怎麼老是這麼倒楣」，悶悶不樂，滿腦子都是「已經過去的事」**。不用說，讓不愉快的心情一直留在心裡，既無

法專心工作，也無法維持效率和品質。

每個人都希望，即使發生了挫折的事，也能夠**放下負面情緒，「切換」成積極正面的心情**。

工作上如此，私生活亦然。

由於網路和社群網站（SNS）的發達，現代人的溝通管道有了極大的改變。有越來越多的人因為「網路論戰」、「毀謗辱罵」這類前所未見的糾紛而被負面情緒糾纏。雖然生活、物質更加便利富足，卻無法擺脫「憤怒」、「悲傷」、「不安」這些負面情緒。

之前，我在大學醫院裡負責門診醫療，並指導醫學生與實習醫師。目前正於史丹佛大學從事我的專長——睡眠醫學研究。

我自己曾因為患者的不合理投訴、苦心孤詣完成的論文遭到全盤否定而陷入負面情緒；也曾因上司、同事、後進、學生之間的人際關係而心力交瘁。

除了我的自身經驗，最寶貴的是，我在醫療現場診治了許多遇過「被情緒嚴重影響」的患者，幫助他們克服了遠比我自己更加嚴重的狀況。

情緒的處理尤其需要時間。雖然我不曾經歷過喪偶、罹癌、意外損失的精神打擊，但在我身邊有許多人已經克服了。因為前述工作上的失敗、失戀、人際關係的問題，從「經常被情緒左右」的人變成「不容易被情緒左右」的例子，我也就近看過不少。

對此我心存感謝，因為將來我面對殘酷的現實時，這些**值得效法的模範一定能成為自己的精神支柱**。身為人，我們很難不沮喪。但我們可以做到放下沮喪。我的任務不就是該告訴讀者如何不被情緒左右嗎？於是我提筆完成了本書。

一個人正在被情緒牽動的樣子，外人很難看出來。我在書中也列舉許多例子，介紹「懂得放下情緒」的人的習慣。其中的基本資料和情節均已修改調整，即使當事人也看不出來，但這些修改無損於內容的重要性。一個人若不明白自己正在放不下，就無法學習、養成「不被情緒左右」的習慣，也就無法戰勝自己。

本書第1章簡單明瞭的解釋「情緒容易被影響」與「情緒不易被影響」的人的

差別；第2章以最新的神經科學等數據來追溯「人會被情緒左右」的原因；第3章開始，以第1、2章為前提，討論該養成什麼樣的「習慣」；第4章告訴大家想要不會被情緒左右的話，該如何與他人「溝通」；第5章，為大家介紹遇到任誰都會放不下的事時，如何「縮短時間」的訣竅。

我們的目標並不是成為一個完全「放下情緒」的人。而是**將「被情緒影響」的痛苦，化為前進的能量**。若各位讀者看了本書，能夠感到自己有所成長，比過去的自己更堅強，便是身為作者的我無上的喜悅。

二〇一六年一月

西多昌規

目錄

第2章

為什麼你的情緒會被左右？

第3章

放下情緒的習慣練習

第4章

不被情緒左右的溝通練習

第5章

別過度鑽牛角尖的生活練習

第1章

情緒容易被影響？差別就在這！

VS.

容易被影響的人 忙著別人的事
不易被影響的人 為自己而忙

忙得沒時間煩惱的秋刀魚先生

「我做了份好爛的報告，昨天被經理罵得好慘。」

「早知道就不該多嘴。」

只要是人，於公於私，難免會遇到讓情緒波動的事。我也經常因為事情不順而意志消沉，或因為「怎麼會搞成這樣！」而煩躁不已。

人生不如意，十常八九。然而，看待事情的方式卻是因人而異。

「天啊，搞砸了……」

「又要因為這些事被罵了……」

有的人會把這些失敗掛在心上，一直放不下。

「咦？有過那種事喔？」

也有人心情切換得很快，馬上就看開了。

為什麼他們不會放不下呢？原因之一便是「很忙」，忙得沒有時間放不下，或是由不得他們放不下。

人類只要一空閒，就會滿腦子胡思亂想。而且，想的大都不是好事。

舉個例子吧，據說日本的主持天王——明石家秋刀魚先生一天只睡三小時，卻絲毫不見疲態，努力主持節目為大家帶來歡樂。也許這是因為他忙著工作忙著玩，沒時間與煩惱糾纏，才讓他年過六十依然精神奕奕、神采飛揚。

人只要一有空閒，不免會想起過去的失敗與不順遂，再次為之沮喪。這麼一來，失敗和不順利的記憶便一再輸入到腦海中，根深蒂固。

做好「自己的工作」，擁有更多自信

發生了難過的事時，適度的忙碌會使人不至於整個人的心情都專注在那裡。但**這裡的重點是，要為「自己的工作」而忙碌**。

心理學上有一個名詞叫做「自我效能」。意指當我們面對問題時，認為自己能否確實達成目標的自信。**忙歸忙，卻不知道為何而忙，便得不到「自我效能」。因為那不是「自己的工作」而是「別人的工作」**。

「我明明很努力，卻沒有人看見。」

「為什麼這種爛工作每次都派給我？」

帶著「被迫感」所做的每一件事都會變成「別人的工作」。

這時候，再辛苦都沒有自我效能，容易為過去的失敗經驗煩惱。更需注意的是，這時候最容易「陷入其中」，進而招致不幸。

明石家秋刀魚先生最擅長帶動不易進入狀況的來賓，製造笑點。想必是因為秋刀魚先生不會去想「這傢伙很不進入狀況」，而是當作「讓他進入狀況是我的工作」，用心製造出一個自己和對方都開心的空間氛圍吧。

當我們在面對讓人覺得無聊的工作時，不妨抱著「將來一定用得到」、「完成這件事就有機會加薪」的心態，試著想像自己的進步或可能得到的報酬。動機明確了，即使是讓人提不起勁來的工作，也能當作「自己的工作」。**只要當作「自己的工作」，自然就不容易陷入負面的情緒。**

Point

越是無聊的工作，越要用心讓它變成「自己的工作」。

VS.

容易被影響的人 啥事都意興闌珊
不易被影響的人 凡事都抱持好奇心

為什麼「好奇心強」的人這麼正面積極？

懂得放下、不為情緒綁住的人，說得好聽是「好奇心強」；說得難聽，就是「沒耐心」。好比發明家愛迪生，他在試做了一萬個燈泡還是失敗時，仍大發豪語說：「我發現了一萬種讓燈泡不會發亮的方法。」

愛迪生不僅對燈泡感興趣，他也對電話、留聲機、飛機等許多東西好奇。愛迪生之所以能這樣積極正面的思考，也許是因為他有很多感興趣的事。之所以能在不斷的失敗中堅持偉大的發明，應是拜他的好奇心所賜。

如果愛迪生只對燈泡感興趣的話，他應該很快就會遇到瓶頸，無法完成那麼多的發明了吧。

要成為一個不被情緒左右的人，擁有好奇心非常重要。想要改變經歷一次失敗就受挫的毛病，那就去學習看別的東西，養成「沒耐心的好習慣」。

話雖如此，並不是所有人都像愛迪生那樣興趣廣泛。硬要叫自己對一個不懂價值和意義何在的東西有興趣，反而會造成壓力。

工作的煩惱別用工作解決？

公務員A先生（四十五歲），除了工作沒有其他嗜好或興趣。一直以來，他在工作上都沒有什麼問題，但換了市長後施政方針大轉彎，A先生習慣的做法就行不通了。

「都是因為換了市長才變成這樣。」

A先生的牢騷變多了，卻沒有一個可以轉換心情的出口。每天滿腦子想的就是工作，悶悶不樂。

後來，他因為睡眠變淺而來我的門診，我發現他的原因是工作壓力。所以，我並沒有開安眠藥，而是以讓他發洩他對工作的不滿、聽他說話作為治療方針。

在診療空檔的閒聊中，他提到女兒是某偶像團體的粉絲，我建議他可以跟女兒去聽演唱會。一開始他絲毫不感興趣，表示「那種團體，我連誰是誰都搞不清楚」，但我的專業建議他也不能不聽，所以雖然沒有去聽演唱會，但還是去了周邊商品專賣店。

A先生並沒有突然變成偶像阿宅，但他看到了自己全然不知的世界，倒也感到十分新鮮。而且還能把團員的名字和長相連在一起，和女兒之間也多了話題。

就結果而言，他轉移了注意力，一直對工作抱怨的情況變少了。也許是因為看著年輕粉絲，反思自己「我年輕的時候也是像這樣嗎」，心情也放鬆了。

我想說的，並不是嗜好、興趣越多越好。以電車來比喻的話，**最好別當一輛只把工作當興趣的「單線道」，而是讓興趣「複線化」**。當然，也不用把興趣搞得像台北的捷運那麼複雜。只要維持「萬一〇〇線停駛，還有另一條線的電車可搭」的程度就夠了。

越是能看開、放下的人，對工作和休閒嗜好，都是抱著「恰到好處的關係」，對各種事物都充滿好奇。

Point

除了「工作」，為自己找個興趣。

VS.

容易被影響的人 過度解讀別人的話
不易被影響的人 聽過就算了

越認真的人，越容易執著在別人的話

傾聽，很重要。人們總是重視自己說話更甚於聽別人說話，但傾聽對方談話，才能建立良好的人際關係。

不被情緒影響的人雖然會注意傾聽，卻不會過度臆測或是胡思亂想。這樣講也許不是很好聽，但他們懂得區分重要性，善於「適度的充耳不聞」。

光是聽別人說話就已經會有壓力了，更何況是從頭到尾的專心傾聽呢？就算是心理治療師這些傾聽專家也會吃不消啊。

當然，也是有人會將對方的話自始至終認真的聽完。但是，這樣的人反而容易

忖度對方話語中的涵義，過度臆測、猜想。認真的個性適得其反，事後會忍不住猜測，懷疑自己「是不是聽到不該聽的話？」「那句話是在諷刺我嗎？」。

扭曲的認知會放大猜測

服務於製造業的B先生（四十三歲）被調動到不熟悉的業務部門後，始終鬱鬱寡歡。主要原因並不在於工作內容，而是和業務出身、擅長交際的部長合不來。

個性豪爽而不拘小節的部長說：

「你這時候端文青架子，會有苦頭吃喔。」

「當業務的，就是被一百家公司拒絕之後，還要衝向第一百零一家啊。」

說話的本人毫無惡意，自覺是在為B先生打氣，但卻造成了對方的心理負擔。

調動過了半年左右，B先生開始出現被害妄想的傾向：

「部長唸的大學又不怎麼樣，他是在嫉妒我。」

「怎麼可能去拜訪一百家客戶，他一定是在諷刺我拜訪的客戶太少吧。」

因為心裡始終堆著這些不滿，對工作和進度的掌控越來越散漫，但部長隨口的一句話卻記得清清楚楚。可見B先生有多麼放不下。

當一個人出現憂鬱傾向，有時會自責：

「都是因為我無能，才會一事無成。」

「有我在，只會添麻煩。」

有時會怪罪別人：

「就是因為有這種主管，我事情才會做得這麼不順利。」

「都是公司無腦，才會把我調到這種地方。」

無論是哪一種，都是**以自己的錯誤認知來曲解別人的話，變成妄想式的解讀。**

也就是深信背離事實的內容。**有時自以為是被害者，有時是加害者。**

要避免這種狀況，便是提防過度臆測以及胡思亂想。**把對自己或對公司的不滿**

條列在紙上，這樣便能以客觀角度分析自己是否想太多，幫助自己脫離妄想。

沒有人會幫我們改正自以為是的想法。而擅自臆測妄想的結果，只會讓我們越來越「想不開」。

Point

將「不滿」寫在紙上，遠離胡亂猜測的束縛。

VS.

容易被影響的人 凡事非黑即白
不易被影響的人 可以接受灰色地帶

完美主義其實是憂鬱的凶手

提到「完美主義」，可能會讓人聯想到具有工匠特質的專業人士，完全不容許任何失敗和失誤。

人類是討厭失敗和失誤的生物。說得誇張點，**每個人身上都有「完美主義」的特質——想避免失敗、讓失敗率完全歸零。**

「完美主義」雖然可以提升工作品質，但也是是有缺點的——容易將注意力放在缺點上。若太過於堅持完美，別說是提升工作品質了，可能事情還沒開始就害怕「會不會又挨罵？」而提不起幹勁，陷入惡性循環。

「完美主義」的人常會有強烈的不安全感，認為「不完美會被別人唾棄」，也因此容易有憂鬱傾向。因為連一點小失敗都不容許，所以一失誤就會徹底沮喪，完全的放不下。

在他人看來已經非常好，卻堅持「還差得遠」而多花時間修飾調整；做到八成了還不滿意、感到不安，執意要完成剩下的兩成。

完成成果的「完美主義」者，即使得到八十分，也會將連同未拿到的二十分一起接收，訂下目標，要在下次機會更進步。

但是當這樣的想法變成：

「八十分等於零分。」

「沒做到十全十美，就沒有意義。」

便無法與渴望進步的積極行動結合在一起。腦海中只會不斷重播過去的失敗和不完美的部分。

二分法的思考只會拉低自我評價

「零或一百」

「all or nothing」

很多有憂鬱傾向的人，都有這種想法——一百件事裡如果有一件失敗了，等於全盤失敗，結果就是零。像黑白棋一樣，結果非黑即白。

不用說，這種想法會拉低自我評價。因為一百件事裡有九十九件成功還是不行，這種想法會讓一切經驗都變成失敗，讓人認為「我就是沒用」而喪失自信，**就連旁人認為順利成功的事，都被當作失敗而看不開。**

市面上關於「完美主義」的著作很多，美國肯塔基大學的蘇珊娜・西格斯特姆（Suzanne C. Segerstrom）博士建議，**將目標訂為八成，剩下的兩成保留給「船到橋頭自然直」的樂觀主義**。藉由這樣的想法，產生面對困難的力量，進而讓我們能夠不被情緒左右，激發面對難題的能量。

儘管會失敗，但只要能有「缺點下次改正」的想法，就證明我們已經學會了「灰色思考」。換句話說，就是懂得「不被情緒左右」的思考。

Point

停止「完美主義」，「灰色思考」又何妨。

VS.

容易被影響的人 對別人充滿期待
不易被影響的人 不會擅自期待他人

「擅自期待」的後遺症

一般人都認為**東方人不擅長溝通**，也因此常會有「別人應該能了解自己的心情」的爛漫想法。這樣天真的人，最容易「被影響」。

例如：

「這個你處理一下。」

主管突然這樣交代。或者，你也會這樣交代部下。

麻煩就麻煩在這個「一下」。因為沒有清楚的說明，定義就很模糊，要靠那些沒說出來的氛圍來「完成讓老闆滿意的工作」。

這種「不明確」的溝通，容易讓人「被影響」。

因為主管滿懷著期待，認為即使沒有仔細說明，部下也會了解自己的意思，一旦期待落空，造成的後遺症也很驚人。

「這是在搞什麼鬼！」

主管也許會這樣大吼努力許久的部屬。

而被交付工作的部屬也不是沒有期待：

「部長大概是這樣想的吧？」

「他應該對我有所期待。」

所謂的自戀情結，就是「希望得到別人肯定，應該會被肯定」的想法。每個人都會自戀，但是因為過度自戀而無法以語言向他人表達想法的人，在溝通上往往會出現大摩擦。

拋不掉的自戀情結

被上司否定打回票而自尊心受傷、期待落空，就會產生後遺症。**越是自戀，被影響的程度就越嚴重、也拖得越久。**

自戀情結是很難割捨的。與其硬要割捨掉，不如**不要擅自期待對方能猜中自己的心思。**

「一定要我說得那麼清楚才會做嗎？你能不能主動點、積極一點啊？」

不要這樣擅自「期待」對方，下指示的時候盡量具體、明確。

若你是部屬，也不要自己認定：「這陣子每天都加班，就算這案子只完成六成，老闆應該也會體諒吧。」

越是「不容易被情緒影響的人」，越懂得與人溝通，不會擅自將期待加諸對方身上。

Point

不要妄想別人「應該會了解」，務必具體表達。

VS.

容易被影響的人 愛找藉口
不易被影響的人 會直接道歉

「藉口」容易引發負面情緒

「因為前幾天我感冒了……」

「剛剛路上發生車禍，大塞車。」

「這陣子事情太多。」

有時候明明自己沒有錯，但就是會發生一些不順，或身體突然不舒服等等無法控制的狀況。

「我又沒有錯！」

「為什麼都怪我！」

——應該會讓人很想這樣大叫吧。

只是，人類不會像動物一樣扯開嗓門大叫嘶吼。這時候我們常做的，是用語言將自己正當化，也就是所謂的「藉口」。

藉口，可以說是要對方理解事情出於無奈，想要保護自己的行為。

但，讓人遺憾的是，幾乎所有的**藉口都會令對方不悅**。光是自我保護和自我辯解，這種以自己為中心的態度就會令人不滿，造成不愉快的情緒。

人類是大腦皮質最發達的理性生物。只是，人類的判斷和印象也經常是靠主掌感情的杏仁核等大腦邊緣系統來決定，而非發達的前額葉皮質區。

稍後我們也會提到，相較於愉快的事，人類對於不愉快事物的記憶更清楚。藉口會讓對方產生負面情緒，使人際關係惡化，是人們對失敗放不下的溫床。

藉口是回顧過去的行為

「這又不是我的錯……」只要這麼想，就是進入藉口模式的徵兆。為了不讓自己被影響，這時候應該不要去找藉口，而是向對方道歉。

「對不起。」

「之後我會小心。」

——只要坦誠的面對疏失道歉，避免不滿和埋怨的情緒，就不會放不下。

有人說，不可以隨便道歉，但我們現在討論的是，說聲「不好意思」、「對不起」其實是種禮貌，這種「打圓場」的正面行為，通常都有加分的作用。

在國外，通常激烈辯論之後大家就沒事了，還會握手言和。雖然不至於要道歉，但「過去的事就過去了」，有什麼疙瘩也當場抛開。

當然，若自己沒做錯事自然不需要道歉，但若真的有錯，找藉口推託、辯解就不好了。與其找藉口，不如**爽快的道歉**，**心情更開朗**。

越是不容易被情緒影響的人，越能夠爽快道歉，把心思放在將來。找藉口，除了被過去牽絆住，什麼都不是。

Point

發覺自己要開始找藉口時，就爽快道歉吧！

VS.

容易被影響的人 太在意失眠
不易被影響的人 不拘泥睡眠

「睡一覺忘記不愉快的事」有其科學依據

「放下情緒」，意味著能夠順利調適不好的經驗所帶來的憤怒、不滿或焦躁等負面情緒。要如何做到，本書稍後將會說明。但最重要的，還是在於要能轉換想法、調整生活習慣。

然而，人類有個一年三百六十五天，不需要天天特別努力，就能自動調整負面情緒的生活作息，那就是睡眠，尤其是快速動眼睡眠。研究結果發現，**快速動眼睡眠能夠緩和不愉快的情緒。**

「睡一覺忘記不愉快的事。」

——這句話是有科學依據的。睡得好的人，不會執著在不愉快的事上，這是確定無疑的。

當然，這也不是說睡得越多，情緒就整理得越好。現已得知**睡太多反而容易憂鬱**。如果你曾有過一直睡過頭，頭昏腦脹，生活節奏變成夜行性以至於早晨起床超痛苦的經驗，應該就很容易理解吧。

同時，我們也無法斷定「睡眠淺的人會看不開」。

睡眠的深或淺，本來就是很主觀的判斷。即使是睡眠專科醫師，也無法將睡眠品質像血壓、血糖般予以數值化。雖然可以測試腦波，以熟睡的非快速動眼睡眠的長度來評估，但並不是非快速動眼睡眠越長就等於睡眠品質越好。

「失眠」的人不是睡不著，而是太在意

那麼，要怎麼做才好呢？其實非常簡單。

在我的患者中，的確有人會自己把失眠情形說得很嚴重，但是家人卻說「不會啊。他晚上都睡得很熟，還打鼾呢」。所以問題不是失眠，而是太在意睡不著這件事了。

雖然最近管制較為嚴格，但只要到身心科去就診說睡不著，便能拿到安眠藥的處方箋。只是，現實的狀況是有人已經擁有足夠的睡眠時間卻仍在持續用藥。嚴重的話，這是會造成社會問題的。

睡眠雖然重要，但過度在意便是「容易被情緒影響的人」的習慣。美國史丹佛大學研究睡眠的學者當中，有人因為生活忙碌而每天都睡得很少，但精神仍然飽滿，活動滿檔；也有人非得要睡足需要的時間不可。他們的共通點是，不會拘泥於自己的睡眠。反而是：

「要是睡不著，怎麼辦？」

「今天晚上不知道睡不睡得著？」

——像這樣**天天為夜晚的睡眠擔心，才是不好的徵兆**。因為對睡眠的不安已經影響生活了。

「只要白天能夠精力充沛的活動，就不必管晚上的睡眠狀態如何」，這是目前睡眠醫學對失眠的看法。如果白天的生活作息因睡意而發生問題，這時候才要去正視睡眠問題，並想辦法改善。

Point

好好睡覺。睡不著時，也不必太在意。

第2章

為什麼你的情緒會被左右？

一切都是手機的錯？

太常掛在網上的壞處

「能否放下煩惱、不被影響」是心理學界向來在探討的議題，已經不是什麼新主題了。但是，為何到了二十一世紀的現代，「放下情緒」仍然深受大眾矚目呢？

針對這點，後續我將會簡單說明。但我認為現代社會，社群網路以及智慧型手機，對人類的心理與行動，帶來了極大的影響。

隨時隨地都能打電話的手機已是驚人發明，隨時隨地都能得到網路資訊的智慧型手機為日常生活所帶來的劇變，就更不用解釋了。

今天的天氣、新聞、約會地點的選擇，現代人沒有一件事情不依賴網路。記得我剛到美國時，對生活環境很陌生，要是沒有 Google Map，連開車出去買個東西都會迷路。

然而，**在生活更加便利的同時**，其實**也產生了隨時隨地都被資訊控制的缺點**。雖然不見得嚴重到犯罪的程度，但是四處留言、批評、中傷的「網路論戰」現象也已是事實。

儘管有程度上的差異，但恐怕有不少人的情緒「都被影響了」。

「偏頗的資訊」加速不安

人們總是習慣把負面資訊留在腦中，越是負面就越想去看。舉例來說，我們能理解罹癌患者因為心理不安而到處搜尋癌症相關網站的心情。**看到令人安心的資訊便鬆一口氣，看到駭人的資訊便焦慮不安。這樣的情形一再重複**，但最後留在記憶中的通常都是不好的資訊。

我認為能夠立即看到資訊的智慧型手機，更是加速了人們不安的心情。而且不一定是要和自己有關，例如政治、經濟、體育、娛樂新聞的批評、惡意中傷的留言和發文不斷出現在眼前，都會讓人心情不平靜。

我們在面對看不見的對象時，攻擊力都會大增，也會說或用一般面對面時不會說的詞彙。但這不是健康的溝通。

比上述社會問題更容易令人「被影響」的，是來自朋友熟人的資訊。例如，有人會分享「今天我做了這麼棒的事」、「去了好餐廳」的發文。

的確，寫些無聊沒趣或不愉快的事是沒啥意義。而且，只要人們有想被尊重、被認同的心情，就一定會想去比較按自己「讚！」的人數。看了這類偏頗的資訊，忍不住與自己的日常生活相比，只會讓人容易往不好的情緒裡鑽。

多接觸適合自己的現實

當自己一切順利的時候，較能真心為別人的好事開心。只是，人類並不是永遠都有好心情。

心情沮喪的時候，和別人比較——「我果然不行」、「要是我薪水再高一點就好了」、「真希望能出生在那種家庭」——更容易陷入意志消沉的惡性循環。

老實說，我也會去羨慕別人。但這時候，我會放下手機。

網路和手機確實為日常生活帶來莫大的便利，但網路成癮、手機成癮也是社會現象，要人們「不用手機」簡直是強人所難。這個問題實在很難解決，因為光是「少用手機」就會讓現代人有壓力。

與其「不用」、「少用」手機，不如多花時間去看、去感受現實世界的事物，也就是多重視你的眼前。好比看看書報雜誌，或是和活生生的人交談。

離開辦公室、看看天空和街景、來一趟小旅行等等，多點網路世界以外的現實體驗。

要讓心理健康，**別把目光焦點放在別人給你的「讚」，多點適合自己的、自然的真實體驗才是最好的。**

Point

重視適合自己的體驗，別去在意來自他人的「讚」。

只記得不愉快的事

為什麼就是「不愉快的事」記得最清楚？

人類天生就是會轉眼忘記好事，卻對痛苦經驗和恐怖體驗牢記在心的生物。而這正是「大腦邊緣系統」——大腦中動物性的部分造成的。

人腦可分為「大腦皮質」和「邊緣系統」這兩大部分。簡單的說，「大腦皮質」就是大腦表面很多皺摺的地方，主管人類才有的高層次機能，如思考、判斷、倫理等問題。

在大腦皮質底下，有個稱為「邊緣系統」的部分，包括了有記憶庫之稱的海馬迴、感情中樞杏仁核。簡單解釋，邊緣系統與動物的本能機能相關。

而「忘不了不愉快的事」的祕密，就在於邊緣系統。

有個以手術去除猴子大腦邊緣系統中杏仁核的實驗，結果該隻猴子會無懼危險的靠近眼鏡蛇、獅子等比自己強大的敵人。

感覺恐懼與不安，並牢記在心，是生物為了生存的必要本能。

我們人類也一樣，如果能將可怕的記憶和不愉快的經驗忘光光，心情或許會很輕鬆。但是，在未來遇到同樣的危險狀況時，就像沒有杏仁核的猴子會去接近獅子一樣，很可能不知其中危險而做出錯誤的反應。

訓練大腦皮質才是解決之道

在動物的生存歷史裡，即使成功了九十九次，只要失敗一次便足以致命。因為代代繼承了祖先對敵人的恐懼，才能生存至今。既然人類是動物的一種，自然也擁有這樣的DNA。

「為什麼會困在不愉快的情緒裡走不出來啊？」

「我有想要自己樂觀一點啊。」

——會如此煩惱的人們，告訴你，人類的大腦本來就是這樣。忘**不了不愉快的事、牢記在心，是因為我們要生存。**

之所以不同於其他動物，是因為我們的「大腦皮質」很發達。大腦皮質，並非與邊緣系統完全獨立，兩者透過神經細胞的分枝緊密的結合在一起。

因為事先輸入了不愉快的事，所以沒有一隻斑馬會隨便接近獅子。

然而，現在的人類並不像斑馬有那樣的生存危機。**由於安全無虞，所以能「從容」的回顧不必回顧的過去，這也是人們「會被情緒左右」的原因之一**。因為生存所需的本能，在現在的社會環境下，反而成為讓生活痛苦的原因。

要做到「不被情緒左右」，訓練大腦皮質才是人類該採取的解決之道。這個辦法包括了重新確認飲食、運動、睡眠等生活習慣，還有調整溝通與思考方式、尋找宣洩壓力的對象等等。

「忘不了不愉快的事」，是人類的天生能力。請接受這樣的能力，來想想該如何處理不愉快的經驗，尋找不被情緒左右的方法吧！

Point

接受自己「忘不了不愉快的事」。

越想「不被影響」就越會「被影響」

只要被「禁止」就會越想做

「不可以！」

——被人這樣禁止，反而更蠢蠢欲動。我想這是人之常情。我也常在診間裡對患者說：

「晚上不要上網。」

「別喝太多酒。」等等，給患者「不要〇〇」的建議。

心裡明明知道這樣不好，但越是被禁止就忍不住越想去做的習慣，實在令人頭痛。

有人稱這樣的情形為「卡里古拉效果」，但這不是正式的心理學用語。純粹是之前因為一部描述荒淫無道的羅馬皇帝卡里古拉的電影《羅馬帝國豔情史》（Caligula），因內容過度腥羶，在美國部分地區遭到禁演，反而引發大眾好奇而備受注目，才有了「卡里古拉效果」這個詞。

為什麼被禁止後，反而會更想去做呢？

這些會被禁止的行為，其實都源於食慾、性慾、求知慾等人類的本能中。

當「想做」的事被禁止後，便產生了稀有價值。因而顯得更有魅力，讓人更想去嘗試。

要求自己積極正面，會讓理性腦更疲累

卡里古拉效果與人類的慾望有關，我們以此來思考本書的主題「不被情緒左右的練習」。

前面提過「放不下負面情緒」，是人類的內建本能——為了生存，必須先牢記不愉快、可怕的事。要違反這負面的本能，叫自己「不要被影響」的積極思考，就叫做「理性」。

換言之，為了安撫情緒腦，也就是邊緣系統，理性腦前額葉皮質區便努力禁止「被影響」的情緒。但是，人類的本能，有個越壓抑就越蠢蠢欲動的習慣。硬逼自己「不要被影響」，理性腦就會很累。

反而是叫理性腦放鬆的想：

「被影響就被影響吧！」

「被影響了也沒關係。」

這樣情緒會讓大腦平靜下來。這與在自我啟發書籍上常見的「接受自己」、「原諒自己」有共通之處。

凡事都從好的方面看是很重要的。但是，**強逼自己正面思考，反而會造成心理的壓力。**

所以痛苦的時候，別用「不可以被影響」來逼自己。像「被影響也沒關係」這樣帶有包容力的句子，才能培養出堅強的心理。

Point

不用硬逼自己積極正面，讓大腦適度放鬆。

「不被情緒影響」不等於「忘記」

「懂得放下的人」並不是健忘

我們也許曾羨慕「懂得放掉不愉快的事」的人，心想：「好好喔，他都把那事給忘了。」

但是，就像先前所說的，人類的本性是會牢牢記住不愉快的事。所以，「不被情緒影響的人」絕不是把不愉快的事給忘了。

如果真的忘得一乾二淨，連被人問起也想不起來，那很可能是腦部受到了重大損傷。

不愉快的經驗、自己曾遭遇過的危險，這些體驗會被深刻的輸入腦中。

「不容易被情緒影響的人」也許是擅長不讓不愉快的事出現。以電腦來比喻的話，就是將不愉快的經驗儲存在硬碟裡，不讓它們在運作中的記憶體中出現。

C小姐是一位三十多歲的專職主婦，可愛的長男快就要上小學了。或許是受到媽媽朋友們的同儕氣氛影響，C小姐非常希望讓長男進入私立小學就讀。

然而丈夫卻希望孩子可以在自由、沒有約束的環境中成長，所以夫婦倆在長男的教育方針上意見不合。而丈夫固執的想法，似乎是受到婆婆的影響。

某天，婆婆剛好來看孫子，C小姐提起準備考試非常辛苦，婆婆便表示「還這麼小就考試考試的，太可憐了！」「應該多讓他運動，訓練體力才對」等等，直接批評起C小姐。

借助別人的力量也是本事

這或許是婆媳之間常見的情況，但這和C小姐從小生長的環境氣氛不同，因此當下受到了不小的衝擊。無論外出購物還是在家做家事，腦海中都不斷浮現遭婆婆斥責的畫面。

冷靜想想，C小姐並沒有錯。雖然各派意見不一，但「考試」也是一種教育。然而，C小姐卻太過在意婆婆的話，開始煩惱「自己是不是錯了」。

有時候，**別人無心的一句話會把鬱悶的心情一掃而空**。

媽媽朋友鼓勵她「找一所兩者都能兼顧的學校就好啦」、「大家都是盡人事聽天命，沒考上就算了呀」，她才發現「原來也可以這麼想」，心情一放鬆，就不那麼在意婆婆的話了。而且幸運的是，因為忙於幫孩子準備考試，和婆婆見面的機會也就減少了。

看了C小姐的例子便知道，「不被影響」並不等於「遺忘」。為了「不被影響」，不僅要把不愉快的事推開，還要在各方面下工夫，例如將注意力轉移到其他地方、借助他人的力量等等。**說出來給別人聽、參加休閒或個人嗜好的活動，也是「不被影響」的好辦法**。

不斷練習，才是讓自己「放下」的捷徑。

Point

別自己一個人鑽牛角尖，借助別人的力量。

大腦會被「一時的情緒」牽著走

人類的行動其實常被情緒左右

你是不是曾經做過下面連自己都會嚇一跳的事呢？

- **電腦當機，忍不住就用力拍桌敲螢幕。**
- **雖然憋了好久，但還是忍不住說了同事的壞話。**
- **狂吃零食。**

心理學上有個「衝動性」的用語。情緒失控的「發飆」，或是忍不住做了明知最好不要做的事，好比暴飲暴食、瘋狂購物等連自己都控制不了的行動等等，都是衝動性的例子。

換句話說，就是未經深思就做了可能會有不良結果的行動，或是其他充滿情緒性的行為。

每個人都會有衝動性。不經思索就買下原本沒打算要買的東西，這類「衝動性購物」的經驗人人都有。還好在這種情況下，受損的只有荷包（或家中經濟）。

人們也都覺得自己是依據理性做判斷。聽到別人說「你很衝動」，想必沒有人會開心。我做的事是有思考過的，才不是像動物那樣靠本能行動——大腦發達的人類都會這樣想。

但是，**其實人類常在情緒的影響下做出決定，事後再找各種理由把它正當化。**當情緒的控制力不成熟或抗壓性低時，就很容易做出情緒性的判斷，直接以好惡來做決定。

將情緒變成語言

關於情緒與決定的研究非常多，根據日本理化學研究所的研究小組二〇一五年在《Journal of Neurophysiology》期刊所發表的論文，解釋了大腦產生好感與反感的部位不同，所引發的情緒會改變過去的接受方式，使人們依情緒而做決定的機制。

電腦升級後運作卻反而變差這種事偶爾會發生，我們對人事物的看法，有時也會因情緒而往壞的方面升級。

情緒勝於理智故然有違我們的意願，但若放任情緒宣洩而不去控制，會讓我們永遠「放不下」留在記憶中的負面情緒。

情緒與思考，由腦中不同的部位掌管。我們要做的，是**勤於「區分情緒與思考」**。「是不是單純因為討厭才排斥？」「這個判斷有沒有其他的理由？」如此的自問非常重要。

有個具體方法可以區別情緒與思考，那便是以言語表達情緒。「我現在很生氣」、「我覺得很煩」，將情緒說出來後，試著舉出自己正在想什麼。

然後，想想自己的思考是否和情緒有關。好比說，雖然對老是惹毛自己的部長很火大，但盡可能切割情緒後，留下來的便只有「要專心做好手上案子」、「只要忍耐到下次人事調動就好」等冷靜的思考。

古希臘哲學家柏拉圖曾將人類情緒與理性的關係，比喻為「馬與騎師」。一個聰明的騎師，應該能隨時確認自己是否被馬牽著鼻子走。

Point

把情緒化為語言，別讓情緒作主。

揮汗運動，對心理健康大加分

養成運動習慣，有助克服憂鬱

之前已經說過，要讓思考靈活彈性，行動非常重要，而最快的辦法就是揮汗運動。**活動身體，也就是「運動」，對心理健康有絕對的加分效果。**

週末陪孩子參加運動會、打高爾夫球，伸展筋骨後感到神清氣爽，當晚睡得很香——我想每個人都有類似的經驗。

也許有人會說，運動當天心情不錯，但第二天就會又回到原來那個疲累的自己。但研究發現，**相較於運動當天的效果，持續運動半年，對睡眠和心理的加分效果更顯著。**

運動的抗憂鬱效果已有很多相關研究，但因為運動的種類與強度、受測者的年齡和基礎體力不同，一直未有一致的結果。

於是，美國亞歷桑那州立大學的研究小組重新研究過去進行的五十八篇論文、總計二千九百八十二人的數據，整理出的結論認為：進行稍微冒汗的輕度運動，一次約三十分鐘，一週三到四次，持續十六週，其抗憂鬱的效果比做一次激烈的運動來得更高。

運動活化腦部

當然，這些數字可能會因今後的研究而有所改變。但是，持續運動的確能強化心理。你身邊那些「不容易被情緒影響的人」，是否大多有運動的習慣？

運動不但會改變肌肉，還會改變大腦內部。美國匹茲堡大學的研究小組調查發現，有運動習慣的人，腦部主管記憶的海馬迴體積較大。

現在也確認運動會促使「腦源性神經營養因子」這個物質——相當於增加腦神經細胞之間互相連接的突觸的肥料——活化。順道一提，目前還認為腦源性神經營養因子的減少，很可能是憂鬱症的成因之一。

然而現實中：

「每天累都累死了，哪有力氣運動！」

——這樣的人想必很多。

告訴大家一個好消息：**即使只是減少坐著的時間，也有運動效果**。哈佛大學公共衛生學的研究小組對四萬九千八百二十一位高齡人士進行追蹤調查發現，看電視的時間越長，得到憂鬱症的機率越高。數據顯示，坐得越久，對心理健康越不利。

若是無法運動，就減少坐著的時間吧。休息時間多走走也不錯。站著工作也是一種策略。美國推出了讓人們可以站著工作的辦公用具，我在史丹佛大學的同事也十分愛用。若工作環境難以改變，不妨養成隨時找機會增加走路時間的習慣，例如每一個小時上一次廁所。

為了成為「不易被情緒影響」的人，不僅要做頭腦的體操，脖子以下的運動也很重要。

Point

頭腦要做體操，身體也要活動。

「被情緒影響」的程度男女有別？

「男人女人的腦結構不同」只是都市傳說

- **失戀時，男人容易放不下，女人很快就走出情傷。**
- **遇到大麻煩，女人比較鎮定，男人反而心情久久難以平復。**

人們常常會理所當然的說「男人怎樣怎樣」、「女人又如何如何」，但這很可能就是讓人「被情緒影響」的原因。

男人女人的「大腦」也一樣嗎？不管是書或是網路文章，現在四處充斥著各式各樣關於男性腦、女性腦的資訊。好比說，連結人類左腦與右腦的「胼胝體」——

連結左腦與右腦的橋梁。連這個都有很多書說：

「女性腦的胼胝體比男性腦粗。」

「因此女人的左腦與右腦連結更緊密，容易走極端。」

然而隨著腦科學的進步，已有研究結果認為男性與女性的大腦並無不同。

美國羅莎琳．富蘭克林醫科與科學大學的研究小組，針對過去超過四千起男女腦部研究加以整理分析，也就是進行了所謂的「統合分析」。二〇一五年時將結果發表為論文，無論是胼胝體的粗細還是海馬迴的大小，男性腦與女性腦在統計上並沒有發現差異。

女性的胼胝體較粗、男性的海馬迴較大，這種從腦外形來區分的說法，顯然沒有科學根據。

的確，並非所有女性都對感情受挫「放得下」，能夠說分手就分手。甚至有好些人是過了多年都還走不出來。

例如，罹患厭食症或暴食症，也就是所謂「飲食障礙」的年輕女性患者，有不少人發病的原因就是失戀。與男友分手時被當面說「妳太胖了」，或是男友的新女友比自己瘦，就會聯想成「我就是太胖了才會被甩」，因而在飲食上發生大影響。

而且，也有些人並不是睡一覺就好了，也有人是一拖就是好幾年。這樣的人，便是遲遲「放不下」那次痛苦的經驗。

想想這樣的例子，就知道無法認定女人都可以快速的走出情傷。

追求合理性的男人，重視平衡性的女人

「男性腦」、「女性腦」的說法，並沒有科學根據。但是，男女的體型確實有明顯的不同——男性肌肉較多，身體線條剛硬；女性則是乳房和臀部發達，身形充滿曲線。

在溝通方面，我們也很難相信男女完全相同。儘管有例外，但男女一般的形象是男性話少，女性話多。他們的大腦真的沒有不同嗎？

目前已知，雖然男人與女人的大腦形狀大小都差不多，但在「使用方式」上卻很不同。根據美國賓州大學於二〇一三年發表於《美國國家科學院院刊》的研究，女性左右腦的連繫比男性更活絡。

在胼胝體的粗細方面，如前所述，男女並無差別，但左右腦的資訊交流，還是以女性較為密集。這就表示女性更懂得使用整個腦部。女性的確給人直覺敏銳、愛交際、話多、善於解決團體中問題的印象。

而男性則在邏輯思考、判讀地圖方面的能力較優。但反過來，在維持理性與情緒的平衡、處理壓力方面不如女性。也難怪男性會像解數學、理科習題般，憑著理性和邏輯就將失戀合理化。

反觀女性則會用整個大腦來處理失戀經驗，或許這才是更聰明的做法。

不要盲目認定所謂的男性化或女性化

這是我個人的疑問：能夠針對感情「一刀兩斷」的，真的都是女性嗎？我認為問題並沒有這麼單純和制式化。走不出陰影的女性大有人在。只要看到前面舉出的厭食症和暴食症的例子，便不難了解。

雖然程度因人而易，但**男人有女性化的地方，女人也有男性化的地方**。我個人認為，一旦過度在意男女的差別，就容易做出「女人愛說話」、「男人在獨處時比較冷靜」這類有失公允的結論，這樣反而讓我們更容易被影響。畢竟，什麼樣的人都有。

為了「不為情緒」煩惱，與人溝通很重要，獨處也很重要。想獨處時卻被拉到要發聲表達的場合，更加重了脆弱心靈的負擔。而一直龜縮在自己的殼中，也會倍感孤獨。將男女之差停留在雜學的層次，思考適合自己的方法，才是最實際的。

Point

請朝著「我自己如何」來思考。

男性化、女性化和荷爾蒙有關？

荷爾蒙的分泌量因人而異

男性身上只有男性荷爾蒙、女性身上只有女性荷爾蒙，這已是個錯誤的想法。事實上，男性體內會分泌女性荷爾蒙，女性體內也會分泌男性荷爾蒙。而目前已知女性體內的男性荷爾蒙，約為男性的百分之五至十左右。

男性荷爾蒙和女性荷爾蒙的正式名稱分別為「睪固酮」和「雌激素」，但為了理解方便，一般都稱為「男性荷爾蒙」和「女性荷爾蒙」。

男性荷爾蒙具有將蛋白質轉換成肌肉、形成肌肉多的體型、增生皮脂和體毛（很遺憾不是頭髮）、提高性慾等功用；而女性荷爾蒙的功用則是形成女性特有的圓潤體型、控制月事和懷孕、維持美麗的肌膚與頭髮等等。

男性荷爾蒙和女性荷爾蒙的分泌量和比例，其實因人而異。也會隨著年齡和生理週期改變。所以不難想見會有男性化的女性、女性化的男性，或是外表中性讓人看不出性別……各式各樣的人。

荷爾蒙對心理的影響

男性荷爾蒙與女性荷爾蒙會對心理產生什麼樣的影響？先說明男性荷爾蒙，男性荷爾蒙越發達，攻擊傾向越強。換個角度來看，感覺是會採取主動的「不被情緒影響」吧。

只是生於現代，社會壓力造成的男性荷爾蒙低落更加嚴重。反而會引發焦慮、疲勞等身體不適症狀，甚至是男性不孕的原因。

那麼，女性荷爾蒙能否幫助我們把個性變得溫和穩重而「懂得放下」……？這個說法看似合理，卻沒有數據可以支持。倒是女性荷爾蒙在提高記憶力、預防阿茲海默型失智症等方面頗值得期待。只不過，問題並不是女性荷爾蒙多頭腦就好這麼單純。

女性荷爾蒙一減少，便會出現眾人皆知的「更年期障礙」——臉部發熱、倦怠、暴躁、原因不明的疼痛、失眠等等。

由此便能了解男性荷爾蒙和女性荷爾蒙不僅對身體重要，對心理也很重要。無論如何，我想大家都能了解**壓力會造成荷爾蒙分泌失調**。

若「男性荷爾蒙」占優勢，攻擊性和積極性提高了，或許能產生「不被情緒影響」的看法。但也會令人想到是易怒和霸道，看來並不是好的「不被影響」。

荷爾蒙無法憑個人意志來調節。我們能做的，頂多是培養面對壓力的能力，維持荷爾蒙不致失調。

更進一步來說，太過在意「男性化」、「女性化」這些社會要求的既定形象，反而會讓人「被影響」。因為事實上，有不少性別弱勢的人正因為這樣的社會壓力而苦惱。

Point

別太在意社會所謂的「男生該如何」、「女生又該如何」。

有人天生就容易被影響？

個性完全取決於遺傳？

「沒辦法，我爸媽的想法都很負面呢。」也許有人認為自己放不下的個性是遺傳自父母。

「容易放不下」或「不太執著」的個性，究竟是天生的？還是後天成長環境造成的？

如果個性取決於基因，那麼擁有相同基因的同卵雙胞胎，他們的個性應該一模一樣。即使在不同的環境、由不同的人養育，也會一樣才對。

但綜合為數眾多的雙胞胎研究，結果發現**個性的百分之三十到五十是取決於遺**

傳，而百分之五十到七十是受環境影響。雖有部分來自遺傳，但環境的影響更大，這就表示個性可以自己的努力來改變。

基因左右血清素

「血清素」是緩和憂鬱與不安的神經傳導物質，調節血清素的是名為「血清素轉運體」的蛋白質，而管理血清素轉運體的機能的，則是名為「血清素轉運體基因」的基因。

血清素轉運體基因有兩種，一種是基因序列較短的S基因，另一種是較長的L基因。

由於人類的對偶基因一個來自父親、一個來自母親，於是便會出現三種組合：兩者皆是S基因（SS型）、一長一短的組合（SL型）、兩者皆是L基因（LL型）。

研究發現，處於壓力狀態下，SS型的人比SL型和LL型的人，更容易感到不安和憂鬱。

其中，日本人以SS型和SL型居多，而美國人則是SL型和LL型的人較多。

換句話說，**日本人容易被影響，而美國人比較不會被影響。**

環境會改變基因！

假設人的個性完全取決於基因，這個發現或許令人震驚，但正如我們先前說的，事情並非如此。社會和環境有足夠的機會改變先天基因帶來的影響。也就是說，基因和環境是互相影響的。

研究也發現，即使是容易被情緒影響的SS型人，有了與社會的接觸和支持，也不容易憂鬱。所以我們不該認定「被影響是遺傳的」。

基因並非一輩子都改變不了的「命運」，而是可以利用周圍環境來改變基因造成的影響。而透過與他人和周遭的交流，才能打造對自己最理想的環境。

Point

積極與周遭交流，改變環境吧！

第 3 章

放下情緒的習慣練習

練習1

「習慣」可以改變情緒

將「不被情緒影響」化為動力的阿德勒心理學

忘不了不愉快的回憶和造成壓力的煩惱，因而「被影響」，是人類為了生存所不可或缺的心理機制。

要改變這個內建在人類心中的想法並不簡單。反而是接受「不愉快的事就是會讓人放不下」，以此為動力抱持正面想法，能讓我們的心志更堅強，讓我們能「不被情緒影響」或是「不容易被情緒影響」。

具體而言該怎麼想呢？能給我們提示的，便是與自我啟發淵緣極深的阿德勒心理學。

關於阿德勒心理學，市面上已經有非常多的書籍討論，在此我省略詳細說明。阿德勒心理學認為，「因為有痛苦的過去，才會至今仍放不下」這樣的「原因論」並不適用。**也就是，因為有「心靈創傷」以至於到今日仍感到痛苦，這樣的說法是錯的。**

阿德勒心理學所提出的「目的論」，認為所有的感情與行動都是有目的的。「因為被情緒影響而痛苦」也是有其目的。「因為被情緒影響而痛苦」並非不得不背負「心靈創傷」這個重擔，而是為了「達到不想改變的目的」——這就是「目的論」。

讓建設性的行動成為習慣

換句話說，**不是過去發生了什麼讓我們無法改變，而是因為不去思考自己未來想變成什麼，所以什麼都不會改變。**只有自己才能改變自己。

雖說是改變自己，但淨說改變想法、當個正面積極的人——這樣的目標未免太過模糊，太像口號反而沒有意義。最重要的是，在日常生活中不斷反覆進行、固定或常做的具體行動，其實就是養成習慣。

那麼，該怎麼做才能讓「目的論」成為習慣？首先，要以「有建設性的人」為目標。例如，假設有人現在還是很怕聽到別人提起過去的不愉快。

不要因為怕就一直逃避，而是試著用「一天跟自己說一次」的具體行動。與其只知道煩惱，不如採取有建設性的行動，讓事情多少能有改善或是造成變化。

但若是無論如何都改不了的「生理上無法接受」，那麼，以換工作或搬家拉開實際距離也是很好的行動。**只知道煩惱，一生都會被別人左右**。自己下判斷採取行動，才是無懼壓力的第一步。

當然，強迫一個處在絕望深淵的人做這類「自己的決定」，是太為難人了。而且，我們自己也有明知道應該笑卻笑不出來的時候。為了從種種沮喪挫折中站起來、為了要放下情緒，我們需要這樣的想法，並且基於這樣的想法來採取行動。

知道與不知道，在處理壓力時會出現偌大的差異。

Point

與其放不下過去的「心靈創傷」，不如實際的行動。

練習2

提高身心柔軟度的「韌性」

克服壓力的「韌性」

「韌性」（resilience）這個詞已經流行好幾年了。自從美國歐巴馬總統在演說中使用了這個詞，便受到大眾的矚目。此外，IBM和嬌生集團等跨國大企業也在研修中採用了這個概念。

「韌性」到底是什麼？我們先簡單的介紹。

「韌性」，是當我們遇到逆境或困難時，用來形容「回彈」、「不屈服」、「復原」等，克服壓力的「抗壓力」。若以本書的說法，「放下情緒的力量」也是十分貼切。

這個想法，是從「我害怕壓力」等負面表達方式的反省衍生出來的。

韌性不純然是樂觀主義，它的背後是有科學證明的。

美國的發展心理學家愛蜜．維納（Emmy Werner）做了一個研究，以夏威夷群島中某座島上出生時便有問題的孩子為研究對象，觀察其身體、智能的發展，持續追蹤調查直到成人。

六百九十八名研究對象中，有二百零一人具有數值異常等危險因子，但其中約三分之一的孩子都成長為身心極為健全的成人。也就是說，出生時的問題未必會在長大成人時造成異常。

那麼，該如何提高韌性呢？想必很多人都想知道答案。

要提高韌性，需要本書一再提及的感情控制與自我效能，以及一定程度的樂觀。不妄自菲薄的自尊，也是韌性所必須的。

擁有良好的人際關係

韌性不是一個開關按下去就可以突然提高的。幾乎都是要長期努力才能獲得，例如養成均衡飲食、優質睡眠、勤於運動等良好的生活習慣，培養面對困難時的正確想法等等。

在此我想強調的是，**提高韌性最重要的一件事，就是良好的人際關係**。現代社會的通訊雖然因為網際網路的發達而更加便利，但面對面的溝通卻明顯減少了。家人、親戚、左鄰右舍之間的接觸也不如往日親密。

連句抱怨話都不敢說的孤獨和孤立是削弱韌性的負面因素，而這個因素未來將會落在我們身上。危險情況也許比前例中的夏威夷群島人們還嚴重。

人身處逆境時，就容易龜縮在自己的世界裡。若四周的人不知道你正在受苦，縱使再願意幫忙也不知道要伸出援手。於是我們越來越孤立，陷入「放不下」的惡性循環。

不管能不能解決問題，擁有可以抱怨或說出困難的機會，便是提高韌性的最實

際方法。

對此，平日勤於修補人際關係是很重要的。如果有「好久沒一起喝酒了」的朋友，就當主辦人邀朋友來一場聚會吧！這正是提高韌性最踏實的行動。

Point

珍惜可以盡情抱怨的良好人際關係。

練習3

化「悲憤」為感謝

將憤怒與怨恨轉變為其他感情

要消弭多年的憤恨並不容易。在我的患者中，有不少人仍對多年前在職場遭到的欺壓、拋棄自己的情人感到憤怒，甚至連童年時期對父母的怨恨直至今日仍是耿耿於懷。

讓憤怒一直是憤怒、怨恨一直是怨恨的長期保存下來，也是「容易被情緒影響」的典型。**我們無法強硬的「刪除記憶」，既然忘不掉，就只能把這些「轉換」為其他不同的感情。**

我的朋友D，家裡是江戶時代起便代代相傳的老字號旅館。父母理所當然的認為D會繼承家業。然而，D君卻反抗父母，堅持絕不繼承，一頭栽進戲劇圈。換句話說，他在父母的眼中是個「逆子」。

大學畢業後，他當了上班族，卻因父親腦中風，結果不情不願的扛起家族事業。話雖如此，他也沒法在一夕之間就能勝任經營管理等的老闆工作，所以那時他做的幾乎都是應付醉客、打掃大浴場和客房整理這類勞動的基層工作。

「老子不幹了！」

他說他不知這樣想過多少次，埋怨起自己的命運、沒有其他可以繼承家業的手足，最後甚至抱怨起父親的病。

感謝的心能化解憤怒

根據D的自我分析，**他之所以能夠改變滿心憤恨的旅館人生，是因為他在員工訓練中，經常被迫接受「感謝的心」的重要性**。他領悟到，不改變自己就沒有資格教別人，一直悶悶不樂對自己沒有好處。他還說，父親過世之後，感謝之心不可思議的油然而生。

D的憤恨絕不是靠時間化解的，為了自己而改變才是最主要的原因吧。**轉化憤怒和怨恨的，不是快樂和喜悅，也不是對方的失敗和厄運。而是對自己以外的人事物心懷感謝。**

我想建議大家對家人、同事、部下等關係親近的人也要養成說「謝謝」的習慣，把感謝說出來。面對親近的人或是輩分比自己低的人，我們難免會有「用不著道謝」的想法。即使如此，把說謝謝當作義務也沒關係，**只要能養成把感謝說出口的習慣，因壓力而疲累的情緒便會平靜下來，自然能夠感謝身邊的一切。**

Point

對關係親近的人也要說出感謝。

練習4

軟化「死腦筋」

「固執」都是年紀的問題？

「最近的年輕人真是……」

「部長的想法已經落伍了！」

只要有人際關係，就免不了有世代的代溝。以中立的立場來看，也許會認為雙方的想法都很「固執」。因為他們都排斥對方的想法，堅持不肯接受。

一般人都說上了年紀就會「死腦筋」，但年輕人也會如此。因為年輕人也會對前輩的意見和忠告充耳不聞。我試著整理自己從醫學體系教育經驗中學到的、死腦筋的人的特徵。觀察的對象不僅有大學生和實習醫師，也包括同事和上司。

有位年長的E醫師，向來就很堅持自己的做法。這麼說雖然有點對不起E醫師，但他正是「死腦筋」的典型。他最誇張的事蹟，就是處方絕對不開新藥，只開自己年輕時使用過的舊藥。雖然猛開新藥的做法也有待商榷，但二十多年都沒進步也令人頭痛。

只要有人建議一下E醫師就好了，但年輕的醫師又不敢，於是他在思考和技術上的「孤獨」就變本加厲。**可怕的是，他自己都不覺得自己過於堅持。**

養成列出選擇的習慣

有時候我們不免會堅持自己的經驗，去否定、排斥新事物。但若對新做法或系統產生了「好懶、好麻煩」的排斥感，就要小心了。剔除個人感情，維持客觀評斷的思考是很重要的。

自己獨自下判斷、解決問題，不聽別人的說法，也是思考僵化的習慣。高高在上的認為「問年輕人很丟臉」，只會讓腦筋越來越硬化。

我個人認為，很多時候都是因為**「感情」使得思考僵化了**。頭腦越好的人，越容易想出各種理由來反駁別人的意見，所以必須特別注意。

要讓思考方式更有彈性的方法很多。首先，從零開始，換句話說，便是**切割感情，冷靜判斷。如果覺得很難，那就養成列出選擇的習慣**，就像是出複選的考題。即使心中明白答案，也要去思考其他的選擇。如果覺得在腦海中想很累，把問題寫在紙上也是一個好方法。

不妨練習將感情和先入為主的觀念放在一旁，從零開始看事情。人，就算沒有自覺，也會有成見。畢竟，我們身邊不乏染了一頭金髮看起來非常歹樣的學生，其實卻是個有禮貌、比誰都加倍用功的例子。

但是，坐在椅子上一個勁兒的絞盡腦汁，效果是有限的。重要的，不是用腦袋想，而是用身體來「體驗」。各種體驗和行動都會讓我們的想法更有彈性。體驗和行動會創造出新鮮的人際關係，也能刺激大腦。

就像麵包的麵團，靜置發酵的過程固然重要，卻也少不了動手揉捏的工序。人類的思考方式也有相似之處，因此，身體的活動是非常重要的。

Point

即使心中已有答案，也要列出選項。

練習5

勇敢的「放棄」

「放棄」，只是看清事實

「只要不放棄，夢想必定會實現。」

「放棄就只能到此了。」

——市面上與自我啟發有關的書裡，有很多指責「放棄」的論點。

遇到困難仍然「堅持、不放棄」當然很重要。過往有數不清的成功例子告訴我們，當事人曾經多次想放棄，卻努力撐過後，最後終於成為一流的成功人士。

然而，**如果對所有的一切都堅持不放棄，心靈將會無法承受壓力**。對一個與自己實力相差十萬八千里的目標揚言「不放棄」，恐怕會令人更加不幸。

「把放棄當壞事」，正是「被情緒影響」的原因。

學會如何「勇敢的放棄」是很重要的。為了「不被情緒影響」而學習「放棄」，接受心裡的遺憾、疙瘩，人生才能向前走。

前面討論過男女腦的不同，尤其是男性，會習慣性的對失敗做邏輯分析。若是工作上的失誤，也許有必要去探究原因，但有些事情靠邏輯也找不到答案、或是雖然找到答案也無能為力，這種情況只要想想失戀和離婚應該就不難明白。

越是喜歡追求答案的人，越需要「放棄」的技術。

但是，在那之前，我們先來看看所謂的「放棄」是怎麼回事。

所謂的「放棄」，日文寫為「諦める」，最初並非死心、斷念、棄權的意思。

在佛教用語中，有「談論真理」的意味，「諦」字有「觀察並明辨真理」的意思。

換句話說：

「不對沒有答案的事物提出答案」。

如此明快判斷才是「放棄」這個詞真正的意思。如果讓我來解釋這個佛教的教誨，我認為應該是**「將判斷用括號保留起來」**的程度吧。

想必有很多人聽到「談論真理」就會不知所措，所以在現實中暫時不做判斷才是現代式的解決方式。若是覺得自己好像快「被情緒影響了」，就先「擱置」、「放在一旁」吧。

人類，無法控制一切

只靠自己一個人，無法控制一切。這世上還有別人的想法和行動，以及天氣、地震等「運氣」控制不了的自然現象。懂得「辦不到的就是辦不到」而直接放棄，是健康的「放下」。

與其從「放棄」與「不放棄」中二選一，不如從手中各個選項中擇一，放棄找出「被情緒影響」的原因。**自己無能為力的事，就從腦中放手吧！**

只要能改變我們對「放棄」的負面形象，也許至今都模糊看不清的東西，就能夠撥雲見日了。

Point

別為無法下判斷的事煩惱，放手吧！

練習6

告別「假設式」的思考

「如果……」的想法會讓你更後悔

人類在為了某事煩惱時，會感到後悔、迷惘。

「要是那時候那麼說的話，也許她就不會離開我了。」

「要是我有資金的話，就能做各種投資了。」

當我們為不愉快的回憶和罪惡感而不開心、悶悶不樂時，會出現很多諸如：

- 「如果……」那時候這麼做的話
- 「要是……」在那裡這麼做的話的理由。

那些沒被自己選到的選項，是不是顯得非常美好呢？

人生本來就是一連串的選擇。**要每次都做出正確的選擇，或者都做出有利於自己將來的選擇，當然是不可能。**

告別「如果……」的思考，也會有助於讓自己「不被情緒影響」。但是要怎麼做，才會不去想「要是這樣」、「如果那麼做」呢？

和做了後悔相比，不做更後悔

「如果……」是一種假設的邏輯分析。在電腦程式上，會以「IF THEN」的算式來思考，它是分析失敗時不可少的過程。

但是人類的「如果……」，藉口和辯解的成分就重了。**當藉口和辯解被正當化時，只會增長自己的負面情緒。**

要告別「如果……」的思考，可以想想自己所做的決定是「做」還是「不做」。比起「早知道不該那麼做的」，「早知道就做了」這種**沒有做的決定，讓人更後悔**。

若是做了而後悔，那就不需要擔心；因為自己的意願而「不做」，至今也不覺得後悔的話，那也沒有問題。

「說不上為什麼，就是沒有做」而至今仍後悔不已的人，下次說不定還會重蹈覆轍。但「沒錢」、「沒時間」都不算自己做的事，所以請不要把這兩件事拉進來。

接著，是「行動」。陷入「如果……」的思考時，其實也是站在往前走的出發點上。**若是迷惘，就選擇「將來不會變成『如果……』思考」的行動吧。**

Point

與其因為沒做而後悔，不如直接「做」吧！

練習7

貼上「快樂」的經驗

覆蓋大腦裡的記憶

要刪除不愉快的記憶，有個最簡單的方法，便是以其他的愉快記憶覆蓋上去。

雖然不愉快的事很難淡忘，但與其一直被煩惱絆住，不如給大腦新的刺激，這才是正面積極的處理方式。

「干擾作用」能夠影響記憶，這是有科學根據的。例如我們在背歷史事件的時候，先記七九四年的事再記一一九二年的事時，先記的年分會比較難回想。這便是原本記憶被其他記憶影響的「干擾作用」。

這種干擾作用，對記憶大多是不利的。而除了年分以外，越類似的東西越容易相互干擾，使得記憶內容混淆。

然而，不愉快的經驗和背歷史不同，越不愉快記得越牢，會造成相反的干擾。失戀傷心時再去看失戀主題的電視劇，就像在揭舊傷疤，反而會令人在失戀的痛苦中陷得更深。

不愉快的記憶，實在很難用類似的不愉快記憶覆蓋。

那麼，可能以快樂的記憶來中和嗎？之前有提到，人類的大腦天性就喜愛記住失敗的記憶。一直以來，人們都認為快樂的記憶無法消除不愉快記憶。實際上，不管是我手邊患者的經歷，或是我自身的經驗，都可以知道不愉快的記憶是個相當難纏的對手。

快樂會提高效能？

但是，現在有研究指出未必如此。二〇一五年，美國伊利諾大學的研究小組發表的研究結果指出，**快樂的事能提高工作記憶。**

所謂的工作記憶，就是在工作中記住手機號碼或電子郵件帳號之類的記憶機能。在做某件事的同時短暫記住什麼的過程，是在工作或料理過程中不可或缺的，這個機能也叫做「步驟腦」。

很多研究已證實不愉快的經驗會降低工作記憶，也會拉低步驟組織能力。一直以來我們也認為，快樂的事幾乎不會有影響。

但是，現在我們知道，不愉快的經驗和快樂的經驗都會影響腦中主管工作記憶的前額葉皮質區。只是這前額葉皮質區在不愉快的時候，會牽連杏仁核等「情緒腦」；但相對的，快樂的經驗卻會與「情緒腦」拉開距離。

這就告訴我們，**製造快樂的經驗，人們的工作效率會提升，就結果而言，或許能使我們踏出「被情緒影響」的狀況。**有意思的是，即使不是快樂的經驗，令人心曠神怡的風景和物品也有加分效果。

要我們「製造快樂的經驗」未免強人所難，但如果是風景或物品的話，在我們生活周邊應該不少。選擇適合自己的、覺得漂亮、美麗的東西來觀賞，也是跳脫不愉快的方法。

離開辦公室小憩一番、看看大自然的青山綠水、發現美好的居住空間，也是日常生活中就能做到「放下情緒」的習慣。

Point

尋找你的快樂風景。

練習8

不要「區分」人生的煩惱

公私是很難分明的……

我們常會把工作上的煩惱帶入私人生活。在公事上出了錯，回家遷怒家人就是其中一個例子。當然也有相反的狀況，遲遲沒能從失戀的打擊中走出來，重要的工作也無心完成；為了家人的病情憂心重重，而犯下意想不到的失誤。這類經驗大家或多或少都有過。

工作中的我、在家享受私人時間的我，其實都是我。因此，**要區分公與私，是相當困難的。**

想必有很多人努力的不把工作帶回家，但又因公司禁止加班而不得不在家工作吧。即使不會接到電話，但電子郵件還是不分上班下班時間都會寄來。

我們常常聽到切換ｏｎ與ｏｆｆ的重要性。但我認為要公私完全分開，百分之百互不干擾，是不可能的。即使在工作中，也會想一下回家後要做的事；下了班，心裡還掛念著重要的案子，這才是現實的生活。

人類的煩惱只有四種？

不如換個想法吧，是不是有從種種煩惱中選擇「被影響了也無妨」的做法呢？要看開一切，實在不是一件容易的事。

「失戀了，暫時傷心也沒關係。」

「今天出了包，回到家也會心情差吧。」

——如果能這樣想，就證明你的心已經從容了。

所謂「被情緒影響了也沒關係」，也正是走向未來的態度。因為我們原諒了「放不下」的自己。

有個說法認為，**人類的煩惱只有四種：人際關係、金錢問題、健康問題與未來。**在精神科的診間裡，病患的煩惱也不脫這四種。

關於這四種煩惱，不妨允許自己「放不下」吧。職場上人際關係觸礁、被裁員而造成生活問題、被醫生宣告罹癌的震驚、對自己將來的不安……我聽過無數種煩惱，面對這麼沉重的煩惱還不會被情緒影響才奇怪。

此外，「我絕對不要為這種事放不下」、「我要轉換心情」的狀況，一個就夠了。例如，提案失敗了、會議時說了白目的話等等，這些想在當天清除的不愉快，就「放下」吧！

關於四種煩惱，不必像「不把工作帶回家」、「不把私人問題帶進職場」般硬要區分公私界線，可以和家人、同事談談。只是要小心別過火，變成在家抱怨工作，在職場上猛吐家裡的苦水就好。

Point

人生的四種煩惱就不用堅持區分公私。

練習9

學習真正的「正面思考」

運動員的心理也很重要

即使是工作上表現傑出的人，也未必在新人時期就嶄露頭角。同樣的，也有不少一流的運動選手，在剛踏入運動界時成績一敗塗地、對競爭對手毫無威脅。

「也許我不適合走這一行。」

「我不會就這樣不上不下的過一生吧？」

——**「放不下」這些充滿負面思考的時期也很重要**。把事情想得很糟，那麼平常的事情就會覺得很正面。就像我們從谷底深淵往上看，即使是一個突出的小小石塊，也會覺得那幾乎是地面了。

但是，我們不能讓負面思考無止境的蔓延。本書的主題是將負面能量一百八十度扭轉成前面方向，讓人生向前走而避免「被情緒左右」。

運動員的世界，正是這樣「非勝即負」的世界。不論是學生的社團活動，或是世界頂尖運動員和職業選手，都是贏了會高興，輸了也會懊惱。過往的運動員總是偏重肉體、體能方面的訓練，但近年也開始重視心理層面的訓練和照護。

失敗和低潮期、受傷造成的挫折等等，運動員不能「被情緒左右」。**關鍵便是能不能持續努力，從最艱難的困境中爬出來。**

在有限的條件下使出全力

以負面思考為動力突破困難——這是前面也談過的「韌性」。要強化意味著反彈力、復原力的韌性，就需要對事物更具彈性的看法。例如：

「竟然比賽前受傷，怎麼只有我這麼倒楣？」

「練習的環境和別人比根本差太多了。」

——拋開這些不滿和怨言，在「有限的條件下使出全力」，從逆境中找出意義和價值，便是很好的例子。

美國華盛頓大學的彼得・維塔利安諾（Peter Vitaliano）教授認為，**具有韌性的運動員，會針對問題去解決或向他人求助；相反的，韌性弱的運動員則是會迴避困難、找藉口，或是責怪別人。**

只有冷靜思考如何解決問題、懂得向他人求助、韌性強的人，才擁有真正的「正面思考」。而韌性的強弱與否，在某種程度上只有曾經「放不下」的人才懂吧。

其實不只運動選手，一定還有很多人因為健康或經濟上的問題而感到不如意。

我們要學習的不是「環境差」、「真正的我不只如此」這種強迫式的正面思考，而是從「現在能做的」著手，學會真正的正面思考。

Point

積極面對「現在能做的事」。

練習10

給自己「高明」的藉口

高明的藉口與差勁的藉口

在第1章裡，我們提到藉口是禁忌。但也有例外狀況。便是**只對自己編高明的藉口**。

例如，在提案時無法順利回答對方的提問：

「因為時間匆促，沒有準備好。」

「就算現在想起來，那個問題還是很難。」

——試著這樣思索藉口。

在精神分析中，將思索種種藉口叫做「合理化」。為自己的失敗尋找合宜的理由加以正當化，以確保當事者精神上的安定。

我們甚至可以這麼想：「原來還有這種心理機制啊，那以後就可以放心大膽的找理由了。」

但是，在這時候，藉口高不高明就會出現差異。**高明的藉口，不會將責任轉嫁給別人。**

「因為那傢伙是怪咖。」

「叫我提這種案子，部長真是有病。」

——這些是差勁的藉口。「合理化」在保護自我心理的防禦系統中，層級其實也是偏低的。

因為，提出「合理化」的英國精神分析學家恩尼斯特．瓊斯（Ernest Jones），他所舉的例子正是《伊索寓言》裡的故事「狐狸與葡萄」。

這個故事很有名，在此便省略情節，但故事的結局是，狐狸把牠怎麼跳也搆不到、想摘也摘不到的葡萄說成「那是酸葡萄」。

要針對狀況找藉口

不用說，大家都知道「狐狸與葡萄」這則寓言是在諷刺凡事找藉口推拖的人。而把錯誤推到別人或公司上，就和故事裡的狐狸一樣。就算不能怪別人，但要怪自己的時候，也必須小心。

太過責怪自己，會讓自己「受影響」。

不要用「是我不好」、「是我太懶」、「是我不用功」這類批評自我價值的句子，而是用**「因為時間不夠」、「因為運氣不好」這種把問題歸咎到不可抗力的狀況上，可以減輕責怪別人的味道，才是高明的藉口。**

再加上「不巧」這兩個字，感覺起來就不會很沉重了。

最後，就算能編出高明的藉口，最好也不要說給別人聽。要把藉口當成是安慰自己、讓自己放輕鬆的方法。請記得，差勁的藉口會變成人人聽得到的聲音，而高明的藉口只存在於自己心中，不會在眾人間流傳。

Point

以「狀況」為藉口，不要涉及自我價值的判斷。

第 4 章

不被情緒左右的溝通練習

練習11

擁有接受多樣性的「寬容」

所謂的感謝，便是認同對方的價值

依照最近的經驗，因為在網路上被批評、辱罵而精神不穩定的人很多。尤其是年輕患者，也有人因為在LINE、推特、臉書上被惡意中傷，而有失眠或憂鬱症惡化的問題。

我的朋友當中，也有人每天都得接觸網路世界，卻因為部落格論戰而使得心情變得痛苦萬分。數年前，我也曾因為在推特上寫個人看法，遭到陌生人嚴厲批判並要求道歉，最後甚至對我人身攻擊而情緒不定。所以我很能理解因為心靈受傷而身體出問題的心情。

由於電子郵件和社群網路的出現，人與人之間的聯繫的確更加便利了。但相對的，**因為面對面的溝通減少，對方的表情、語氣等非文字敘述的微妙部分也變得難以傳達。**

結果，彷彿沒有盾牌保護般，彼此以惡毒言論攻擊、批判的情形越來越多。即使是與之無關的第三者看到這些言語暴力時也會感到不適。

英語中，有一個表示感謝的字「appreciate」。當別人為自己做了比「thank」更特別的事，便以此表達謝意。追溯這個字的語源，appreciate 的 ap 是「朝向」，preci 是「價值」。換句話說，所謂的感謝，是認同對方的價值。

未來的世界，需要更寬容

自己的意見絕對正確，價值觀與自己不同的人就是錯的——這樣的想法，會讓人漸漸無法容忍他人。自己的想法、關心的事，和與之有所矛盾的人事物在心中同時存在，因而產生不適感，稱為「認知失調」。這時候，就容易出現否定對方且具攻擊性的行為。

除非對方的行為具有嚴重的反社會傾向，否則努力認同對方的價值正是寬容的精神。

網軍年齡有高有低，所在位置有遠有近。接受多樣性的寬容會使我們產生感謝之心，進而尊重對方。**這樣的寬容，在未來的社會勢必會越來越重要。**

對此，一般認為這與大腦內名為「催產素」的荷爾蒙有關。實驗結果認為，當催產素的濃度上升時，便會對他人包容寬大。

現今的醫學，無法將催產素做成藥丸讓人隨身攜帶補充。但我們能做的，就是自備寬容和感謝的心。為此，**「認同對方的價值」難道不是不可或缺的嗎？**

建議具體上的做法，就是當我們對某個與自己價值觀不同的人心生厭惡時，不妨停下來想想為什麼對方會如此。

前面說過，我也曾在網路上被激烈批判。被一個素不相識的人狠狠抨擊，感覺真的很不舒服。但，那應該是我寫的文章與他的想法相悖吧。**我努力以「原來也有這種看法」來接受對方的批評，同時想辦法避開情緒化的言詞。**

要學會「不被情緒左右」，我們就要有能力去想像別人說的話、做的事，從中找出價值。往後的時代，這樣的力量將會十分重要。

Point

這是個「有容乃大」的時代。

練習12

其實你不用那麼「熱心」

小心熱心是否已形成「共依附」

我們在幫助人之後，都會有種莫名的好心情。同時刺激令人感到幸福的荷爾蒙催產素，結果當然會開心。

但是，熱心過度，什麼事都想幫忙，只會讓自己疲累。**只為了滿足別人，勞心勞力而忽然省悟時，是否會覺得空虛呢？**

有一種現象叫做「共依附」。舉例來說，購物成癮的女兒拚命買名牌，只要她開口要錢母親都無法拒絕。由於自我評價低，只能靠別人的認同來獲得滿足。因此會為了博得別人的好感而過度熱心，甚至是自我犧牲式的奉獻。

在上述的例子裡，共依附的母親正是因為害怕被女兒討厭而不斷供應金錢。除了有錢人的購物成癮，酒精成癮中也常見共依附關係。如果不改善這種關係，上述的問題永遠都不會改變。

如果是為了博得他人的喜愛而熱心，那只是流於表面的討好。為別人的評價時喜時憂，完全陷入「被情緒左右」的圈套。

不是一味幫忙就好，**判斷每次的熱心，是否對彼此都有益、對他人友善是很重要的。**

「熱心」不能一概而論

還有另一份數據資料顯示，過度熱心有礙心理健康。根據日本國立成育醫療中心研究所成育社會醫學研究部的藤原武男部長所做的調查，發現在金錢上給予援助或是傾聽煩惱，容易誘發憂鬱症。

的確，借錢給別人形同為將來埋下麻煩的種子。而傾聽別人的煩惱之後，很容易身心疲憊。持續在這方面熱心，確實會在精神上元氣大傷。

那麼，好的熱心是什麼呢？我們從結果得知，幫忙開車接送、照顧孩子，這類支援對心理具有好的影響。

這樣看下來，可知為別人所做的「利他行動」，對精神面有好也有壞。**認為「熱心是好事」的朋友，不妨多加留意**。要明白會造成過度負擔的熱心和支持，反而可能對自己有害。

Point

想想「熱心」是否有益於雙方。

練習 13

讓快爆炸的自己「臨停一下」

因為負面情緒而無法專心時

在與人溝通時，最需要避免的情況之一便是「遷怒」。也就是無法壓抑住憤怒、後悔等情緒，發洩在無關人士身上的現象。當然，被颱風尾掃到的人會莫名其妙，非常不開心。

有時候雖然算不上「遷怒」，但**心情很差的人會顯得特別幼稚、EQ差，所以在職場上尤其要小心。**

有很多方法論點都會教我們不要情緒化，但在「最大的敵人就是自己」的運動員世界裡，藏著許多我們馬上就可以運用的祕訣。

即使是心志堅強的運動員，犯了錯也會被影響，或者是為了私事而滿腦子煩惱，無法集中精神出賽。

這時候有個有效的處理方式，便是運動心理學所說的「停車」。換句話說，就是**「讓煩惱在腦海中的一部分『停車』」，也就是心理上的停車。**

「停車」就曾在德國的足球代表隊中展現威力。當時，前鋒主將米羅斯拉夫・克洛澤（Miroslav Klose）因媒體報導妻子疑似出軌，一直處於無法精中精神比賽的狀況。於是，心理訓練師漢斯・迪特・赫爾曼（Hans-Dieter Hermann）給他的建議便是「停車」的做法。赫爾曼勸他：

「如果你無論如何都很介意，那就先在腦海中的某一部分停車。晚點再來想。停好車，就能專心做別的事。」

之後克洛澤便恢復正常，幫助德國拿下二〇一四年在巴西舉辦的世界盃足球賽冠軍。這個停車理論，也因松本大學人類健康學系的齊藤茂專任講師，運用在細貝萌選手身上而為日本人熟知。

具體想像自己的「停車場」

也許大家會認為，如此單純的思考方式竟然就能讓人不被煩惱影響，實在是不可思議。但我個人認為，就是因為將心理這種看不見又難懂的東西，比喻成容易想像的具體事情，這個方法才會奏效。特別是對像運動選手這樣尋求實際運用方法的人，只說「正面思考」、「不要去想煩惱」、「轉換心情很重要」，未免太過抽象而無法運用。

無論自家的車庫也好，公司的停車場也好，投幣式停車場也好，總之，想像一個自己曾經看過的停車場。**再想像把滿載著煩惱和心事的車子開進去、熄火、停下的情景。**

單靠話語來思考有一定的限度。從運用想像力來轉換心情的角度看，停車是個很有意思的方法。這個想法不只可以應用在運動上，也可以運用在工作上。

若已經被影響而心情不愉快，就臨停一下吧。大腦裡不會有違規停車被開單的事，所以停車、離開、向前走吧！車子，就晚點再去開吧。

Point

將不愉快的心情「停車」，專心做現在該做的事。

練習14

你的「正義感」不代表一切

正義感太強的人放不下憤怒

有人在路上亂丟垃圾、有人亂插隊，絕大多數的人看到這種情況都會生氣吧。

當然，我也會火大。

「這點公德心都沒有嗎！」

社會上有既定的規矩。有的是法律明文規定，有的是身為人就當然應該知道的常識，並不一定。然而，所謂的「當然應該知道」標準卻因人而易，這就是人類有趣的地方。

正義感和倫理道德都很重要。但是，當這份**正義感太強時，就會傷害人際關**

係，成為憤怒的原因。

過多的正義感會影響人際

Ｆ小姐的雙親都是老師，或許是因為這樣，她最討厭不正當的事。高中時代的她允文允武，當大學同學都蹺課玩耍時，只有她是不為所動的認真上課。

大學畢業後，考慮到將來的發展，她進入通信產業，被分發到會計部門。對擅長簿記的Ｆ小姐而言，正好可以發揮所長。

在適應工作的過程中，Ｆ小姐發現了許多「連這種錢也能報帳？」的會計處理項目。

尤其是隨著工作表現不怎麼樣的Ｇ前輩提出越來越多不適當的收據，正義感強烈的Ｆ小姐也越來越不滿。

向上司報告，也只得到「工作就是這樣啦」的回覆，不肯正面處理。在這過程中，她因為流程的處理與G前輩屢次發生摩擦，關係變得很差。加上G前輩又是公司某位董事的兒子，常常得到特殊待遇，這一點也讓F小姐不滿。

F小姐在職場上漸漸被孤立。一方面是被G前輩欺負，但同時：

「明明我才是對的，為什麼都沒有人站在我這邊！」

或許是她將這樣的正義感強加於別人身上，和同事之間的關係也變差。類似的情形，在政治和社會活動中也很常見。因為深信自己的想法是對的而採取行動，對不了解自己想法的人，便加以輕視、攻擊。

我們必須了解，在本篇一開始提到的「這點公德心都沒有」的標準，是因人而異的。

翻開詞典去查正義感的解釋，是「痛恨不正當的事，尊敬正義的心」。當然，痛恨不正當的事並沒有錯。只是，如果不只是針對不正當的事，連對「身邊那些不懂自己正確的人」也產生強烈的埋怨，那麼關係當然會變差。

回到F小姐的故事，幸運的是G前輩升了官，F小姐的人際關係沒有再繼續惡化，但她倔強的個性依然沒變。我勸她「這世上什麼人都有」時，她也是臭著一張臉，看來如何發揮自己的優點將是她今後的課題。

Point

別讓自己的正義感變成「對他人的仇恨」。

練習15

「微笑」帶來愉快的心情

情緒，來自由身體而生的「詹郎二氏情緒論」

即使覺得「今天誰都不想見」，但工作卻不等人，這便是成為大人命苦的地方。要是有個「切換情緒的開關」該有多輕鬆。所以，我開始思考人類是否有這個開關。究竟，人類喜怒哀樂的情緒到底是從哪裡來的呢？現代研究認為是「腦」，但在腦科學尚未發展的過往，「身體」、「心」等等都被人們當作切換的開關。

有個從現代人觀點來看十分新鮮的想法，那便是**人類的情緒不是來自腦（中樞），而是來自身體（末梢），即所謂的「詹郎二氏情緒論」**，在日本也稱為「末梢起源說」，即「詹郎二氏情緒論」——因為哭所以傷心，因為打人所以生氣，因為發抖所以害怕。

換句話說，不是因為傷心所以哭，不是因為生氣而打人。這是十九至二十世紀初的心理學家威廉・詹姆士（William James）與卡爾・郎格（Carl Lange）所提倡的學說。如果這個說法是正確的，那麼切換情緒的開關＝做與憤怒、傷心和後悔相反的事＝「做出開心的表情」、「笑」。

但是，真的挫折失意的時候，強迫自己在鏡子前笑就能切換情緒了嗎？有點可疑是吧？在腦科學進步的現代，「詹郎二氏情緒論」被批為沒有根據。

試著強迫自己笑

但是，我們也不能完全否定。事實上，真的有一種假設認為，人類生氣時臉部肌肉的動作會回饋給大腦的下視丘和大腦邊緣系統，產生「憤怒」的情緒。這叫做「臉部回饋假設」。

以結論而言，**想擺脫負面情緒時，強迫自己笑，可能比什麼都不做來得好。**

若把臉部回饋假設倒過來看，笑的時候，臉部肌肉會動。這些肌肉的動作傳到大腦後，也許會產生正面向前的心情。因此，「在鏡子前露出笑容」這個行動，便是切換情緒的開關。所以，沒有鏡子也沒關係，就悄悄的笑一下吧。

法國哲學家亨利・柏格森（Henri Bergson）有部名為《笑》的著作，在書中他留下了這樣一句話：

「人類並非因可笑而笑。是因為笑才可笑。」

Point

越是難過，越是要讓自己露出「笑容」。

練習16

疲於人際時，來趟「一人」小旅行

暫時改變環境最好

要斬斷職場上剪不斷理還亂的人際關係，換工作或調職是最好的辦法。但是，實際上要辭職或轉調單位並不容易。而且環境的變化，有時候反而會造成壓力。

旅行，能夠暫時改變所處環境，是個很棒的方法。**暫時改變環境，能得到的加分效果更是超乎預期**。光是看見新的風景便能給大腦帶來刺激，走在陽光下，能撫平憂鬱和不安的血清素等腦神經傳導物質的作用也會升高。

既然我都建議患者這麼做了，自己當然也會調整休假和身體狀況，積極安排旅行。雖然很累，要安排旅行計畫有點麻煩，但考慮到旅行對心理的效果，就會覺得

「還是去吧」。

如果喜歡與朋友結伴同行，不妨主動提出你的旅行計畫。若疲於經營人際關係，想自己安靜一下，建議來一場一人之旅。雖然很少這麼做，但偶爾我也會自己去「微兜風」，去看看山、看看海，看看陌生的城市，充個電。放不下煩惱時，就不建議去遊樂園之類擠滿歡樂人群的地方。但目的地的選擇是要依個人喜好選擇。

找個理由出門去

如果嫌旅行麻煩，看電影或聽音樂會等活動也很不錯。**心情沉重的時候，千萬不要關在家裡悶悶不樂。**重要的是找個理由走出家門。

都要在家吃泡麵了，不如多走幾步路，去一家可以輕鬆抵達的麵店，也比什麼都不做來得強。可以的話，離家遠一點的比住家旁邊的更好。

聽說最近越來越流行女生的一人旅行。在「男性腦」、「女性腦」的項目裡我也寫過，「男人該有男人的樣子」、「女人該有女人的樣子」只是世俗的看法，不必太過在意。

雖然，旅行一定有結束的時候，轉眼間，必須回到現實的時間就到了。但千萬不要因此就認為「去旅行也沒用」、「只是旅行心情也不會變好」。

Point

對人疲憊時，用旅行暫時改變環境。

練習17

換個「說法」，思考也會不一樣

喜歡被動式用語的人要小心

「都是那個店長，害我丟了打工的工作。」

「都怪我不夠體貼，才會被女朋友甩了。」

所謂的「容易被情緒左右」，是人在忍受怒氣時將一切都朝負面想的思考習慣。而思考的習慣，也會表現在日常用語中。

總愛說「我被○○了」或「都是○○害的，結果就△△了」的人，正是最容易被情緒影響、放不下的類型。因為自己想做些什麼的心情，都比不上別人的影響。

要懂得放下，「自我效能」很重要，這在第1章已經討論過了——自我效能，便是在遇到問題時，相信自己能夠切實執行、一切都會好轉的自信。

而**毀掉這種自我效能的，便是「被〇〇了」、「都是〇〇害的」的話**。這些話意味著錯的不是自己，與自己無關，直接表明自己是被他人或事物給左右。

換成主動用語吧！

的確，有時候會有怎麼看都是別人的錯，偶爾也會有自己實在無能為力的狀況。但是，一再重複這樣的說法，會使自我效能越來越差，漸漸變成只會被人影響、隨波逐流。

但是，要提高自我效能的最簡單方法，其實就是把被動的說法改成這樣：

「我〇〇了。」

例如第一個例子：

「我辭掉打工的工作了。」

試著換個說法，就算解釋起來有點牽強也沒關係。因為有時候變動一下時間點，就真的是自己主動提出離職。

此外，「被○○」的說法，在溝通上是很吃虧的。因為「都是對方」、「自己無能為力」這些將責任轉嫁給他人的說法，很可能會帶給別人負面印象。就算自己並沒有這個意思也一樣。

盡可能養成自己「做了什麼」的思考習慣。被動的思考，會讓自己越來越沒有分量。

Point

把被動的用語改成「我○○了」。

練習18

別把不幸「推給」過去

為何放不下對父母的不滿

「我會有這種個性，都是我爸媽害的。」

「要是我能進好一點的學校，應該能找到更好的工作。」

「結婚，就是我人生失敗的開始。」

人類在痛苦的時候，都會想要找個理由來解釋「為什麼我會這麼痛苦？」而最容易想到的，便是過去已發生的事。其中，怪罪於父母的例子又特別多。

只要回溯過去，我們自然就會想到小時候。對孩子而言，父母的影響力是絕對的，不光是教養方式，連父母親隨口說的一句話，也會在我們長大成人後留在腦海裡揮之不去。

就算是自己的學歷和婚姻，也會有：

「要是爸媽以前再多逼我一下」

「要不是爸媽一直挑剔我的婚事」

——諸如此類，想要埋怨父母的事要多少有多少。這也證明了父母對孩子人生具有的影響力，不僅大，而且久。

只是，像這樣記恨的時候，便代表我們心存「依賴」，認為「父母為孩子（我）做這些都是理所當然的」。也許**不管我們活到幾歲，都放不下對父母的反面情緒**。

若是曾受過虐待或被無視，就必須考慮到是否有「依附障礙」這種心理疾病。

不過一般而言，對父母不滿的情形大多不會到「病」的程度。

童年的不滿會不斷產生憤怒

一般的父母是可能會有過度干涉，強迫孩子接受自己想法的時候。但相反的，也有人不太理會孩子。無論如何，**當我們反應童年記憶而不斷產生新的憤怒，對精神方面或對親子關係都不是好事。**若心裡真有不滿，趁雙方都心平氣和時來談，至少心情會比較輕鬆。

話雖如此，親子之間也會有難以當面啟齒的話。在精神科裡，常常有由醫師安排家人見面並主持面談，共同尋找今後方向的診療方式。因為只是丟一句「回家和家人談過再來」給病患，雙方實在很難做到，因此才會由主治醫師主導，安排時間地點，讓家人對話。

由第三方安排固然好，但也不一定完全方便，建議可以用電子郵件或寫信的方式來溝通，但不必太刻意。文章太長會顯得嚴肅，不妨表達一下對對方的關心、或是不好意思說出口的話。

向手足表達對爸媽的情緒，就共享問題的觀點來看也很有效。再好的朋友，也很難開口抱怨父母給自己帶來的煩惱，所以不妨趁著和兄弟姊妹見面時，宣洩一下對父母的不滿。

但最好的領悟就是「父母也是人，要求父母完美是不可能的」、「他們總會比自己早走一步」。等到自己為人父母後，一定會明白的。只是，俗話說「子欲養而親不待」。**如果心裡有疙瘩，還是趁還有機會溝通的時候談談，以免來日抱著遺憾而後悔。**

Point

父母不是完人，有不滿就說出來吧！

練習19

承認自己其實「放不下」

為生氣而自責的H小姐

我所指導的實習醫師H小姐，是位成績優秀又認真的女性，學生時代就是劍道社的風雲人物。對工作十分熱心，以至於在治療患者的過程時常常會過度投入，這是她的優點也是她的缺點。

H小姐是個不太容易受挫的個性，但是某天卻一臉過意不去的憂愁樣來找我商量。看樣子，是她和她負責的十七歲厭食症（神經性厭食症）患者合不來。

我也與她共同負責這位患者，所以深知H小姐的難處。只是，如果我帶著她一步步教，她便不能有所成長。某種程度上，讓學生自己思考、放手讓他們去做，只在關鍵時給予指導，幫助他們成長，這是醫學教育的精髓，當然也很難拿捏。

H小姐對這位就像小妹妹的女孩，熱心解釋飲食和營養的重要性。但是，對於厭食症的患者而言，太過正面的說服用語，有時候反而會讓患者更抗拒。

「醫生根本不了解我的心情。」這類充滿攻擊性的拒絕是家常便飯。

其實，這種程度的不滿和憤怒，H小姐都承受得了。只是那時候，大概是因為患者抱怨一大堆讓她情緒低落，所以她也對患者大聲了幾句。於是，她無法原諒發了脾氣的自己，心情消沉。

誰都會有沮喪的時候

我也曾有過類似的經驗。比起治療順利受到患者感謝，這類不願想起的記憶，真的是深刻得多。

我記得，我對顯然放不下的H小姐這麼說：

「那樣的態度就一個醫生而言並不妥當，是應該改。只不過，醫生也是人，要百分之百控制住情緒並不容易。」

「我也有同樣的經驗，現在也還有點放不下，回想起來就難過。」

我以前輩的身分把自己的經驗告訴她。

雖然不敢保證，但我想她在知道原來前輩也會「被患者影響而放不下」之後，對她的人格塑造多少有些幫助。她在結束精神科實習時告訴我，她「體驗了課本和論文中學不到的事」。

無論是誰，都會有「被影響」的時候。這麼一想，承認自己其實「被影響了」、「放不下了」，就長遠的眼光來看，是有助於成長的。

Point

容許自己「被影響」也沒關係。

第 5 章

別過度鑽牛角尖的生活練習

練習 20

給壓力一個「賞味期限」

壓力也該要有「結束的時候」

「不容易被情緒左右」的人有個不讓壓力累積的祕訣——他們懂得給壓力設定「賞味期限」。

在工作上，大家常說定截止日期等期限很重要。若不定出哪個時間點前必須完成，做事就會拖拖拉拉，永遠無法完成，也難保工作品質。

而我個人認為，**在壓力管理上的「期限」也很重要**。

如果知道造成壓力的原因有個期限，好比「再苦也只有一年」，就能忍耐。所以不光是吃的食品需要賞味期限，我們也來給壓力定個「賞味期限」吧。

到海外單身赴任

在汽車公司上班的五十多歲I先生，奉命調往中國的工廠。朝海外發展營運，就公司而言是理所當然的未來發展趨勢，但I先生表示他萬萬沒想到被外派的會是自己。

由於女兒的教育問題，他將家人留在日本，自己一人前往中國。雖然早從同事口中知道會很辛苦，但學生時代曾經當背包客到國外四處旅遊的I先生當初確實是認為「自己應該可以適應吧」。

然而，實際到了當地，事情卻不像年輕時那麼順利。從水電使用等基本生活開始，就問題不斷。半夜馬桶塞住的時候，真是欲哭無淚。工作方面也是，他和當地員工對工作的價值觀及文化都有很大的差異。

知道期限就能撐下去

過去，下了班小酌一番就著枕即眠的I先生開始失眠。早上雖然睜開眼醒了，卻越來越不想離開床鋪。海外和日本不同，沒有個散心的地方，於是假日時間他從中午就開始喝酒。後來，他便常常遲到、請假。

在擔心他的同事、偶爾打國際電話給他的家人催促下，I先生請了假回到日本。I先生形同中途受挫，表面上雖然不願承認自己不適應，但能夠回家讓他感到不可言喻的安心。

回到日本，I先生的狀況就復原了。他說了許多外派生活的甘苦談，其中也說了這樣的話：

「如果說有個期限，好比一年什麼的，也許就能撐下來，可是公司卻說『要是順利的話，你就暫時待在那裡』。」

現今的精神醫學將I先生的情況診斷為「適應障礙」——一個人遭遇明顯壓力，因而造成情緒不穩定的狀態，一旦壓力消失，便會立刻復原。

壓力的無期徒刑

說起來不是很好聽，但I先生的狀態其實就是「壓力的無期徒刑」。好好服刑也許有假釋的一天，但問題是不知道是何年何月，搞不好一輩子都等不到那一天，看不到未來的日子真的是會令人不安。

一年也好，兩年也好，若有個明確的期限，I先生就能忍耐了吧。只是，這世上其實很多事情沒有明確的時間點。會計年度結束時的調動也經常是最後一刻才決定的。

若遇到期限不明確的狀況：

「再努力一年吧！」

「再半年要是不行，就放棄吧！」

自己設下期限。然後在這段期間內竭盡所能的努力，一定能確實有所成長。

Point

對於有壓力的事，就自己設定一個期限。

練習21

「想像」走出情傷的自己

走出情傷需要「時間」

關於走出情傷的方法，已經有數不清的書籍和網路資料可以參考。若從男女對釋放壓力的不同來看，男性應該是尋求獨處，而女性尋求有人陪伴傾聽。基本上，照這個方針走應該是不會錯的。

只是，無論是獨處還是要人傾聽，都需要一定程度的「時間」，但是一定也有很多人想要「早點走出來」吧。如果想縮短從失戀中走出來的時間，有個辦法，就是**在想法中加入時間軸**。

具體而言，便是**想像「五年後」或「十年後」的自己**。應該沒有人會願意、也不想自己在「五年後」、「十年後」還走不出情傷吧。

在腦海中將時間軸往未來拉，是種很常被用來修正想法的方式，可以解決眼前的不安。如何想像「走出情傷的自己」，是緩和情傷的關鍵。

那麼，走出情傷的所需時間，男性和女性誰比較久呢？在這方面並沒有學術研究，所以我們只能依靠市場調查。日本的 Mynavi 公司針對五四六名女性、二四六名男性，調查了走出情傷的時間。

其中，男女之間的共通點是，都需要一定的時間才能走出創傷。雙方中都有三成回答需要一週到一個月的時間。比較有趣的是，半年以上還「走不出來」的比例，男女也幾乎差不多。

但有明顯不同的是「走出來的力量」，也就是失戀第二天就覺得「清爽」、「無事一身輕」的人的比例。有百分之八點八的女性能夠一刀兩斷，但竟有百分之十九點四，也就是有將近二成的男性在失戀隔天就好像沒事了。

這個結果和開始的預測背道而馳，不禁令人懷疑是不是剛好受訪的男性都是放得下的個性。不過，也有可能他只是外表看起來瀟灑，其實心中還是對已經分手的戀人戀戀不捨。

這類的調查很多，所以這個結果我們也不宜全盤接收，但應該可以說**「男性放不下」、「女性放得下」**的既定觀念並不正確吧。

當下的處理方式

話雖如此，感情這種事是如人飲水冷暖自知的。每個人或多或少都有失戀的經驗，但若非當事人，難免會覺得是事不關己的感覺。而且，情傷又不像家中發生不幸那麼嚴重，常被視為年輕時酸酸甜甜的回憶。也難怪很多人都會以「天涯何處無芳草」、「還年輕嘛」這樣不痛不癢的話來安慰當事者。

極度消沉的時候，如前所述，男性以「獨處」、女性以「傾聽陪伴」作為當下處理方式也許是自然的反應。**但能讓人走出情傷的，無疑都是「時間」和「下一個對象」**。只不過，一定有些人無法立刻接受「下一個對象」。「時間」也不會突然就過去。所以才會向大家介紹「五年後」、「十年後」的想法。

Point

想像「五年後」自己的幸福模樣。

練習22

失去家人的悲傷就「哭出來」

男性較不擅長處理喪親之痛

在職場上出了糗、夫婦大吵一架，這些對當事人來說也許都是大事，但總不至於太嚴重。若是因此被影響了，一般也是幾天的事。

但是，若發生更嚴重的事就另當別論了。例如，深愛的人死去時的悲傷，專門用語稱之為「喪親反應」。

喪親反應中各種情緒交雜。最初時，會無法相信實際發生的事，整個人茫然失措。接著，也有不少受到情緒影響，將怒氣轉向無法為逝者盡力的自己或醫療人員的情況。

而這個反應，通常是女性比男性更強烈。的確，對於喪禮的印象，大多是女性悲痛欲絕，但男性則是故作堅強。

然而，因應（coping）這種喪親反應，男性卻較不擅長。荷蘭烏特勒支大學的丹妮絲．德．瑞達（Denise de Ridder）教授針對男女對於壓力的反應，提出男性在面對問題時傾向於以各種道理來因應，屬於「問題焦點因應」，而女性則是以情緒來因應的「情緒焦點因應」。

在工作上，當然是以問題焦點的因應策略為佳。但是，**對於喪親反應這種無法以道理解釋的狀況，一般認為情緒焦點的因應較能順利度過。**

不要強忍悲傷，哭出來或說出來

情緒焦點的因應策略聽來似乎很難，但簡單的說，就是不要強硬忍耐，而哭出來或是找人談。

在外人眼中，可能會認為：

「過一陣子就好了。」

但喪親反應是很複雜的。例如苦心照護多年的父母死去時，不少人會覺得「鬆了一口氣」，但其中也有人會厭惡「鬆了一口氣」的自己。

最令人擔心的是，還有人會惡化成憂鬱症。在一開始強烈的痛苦過後，平靜的悲傷便漸漸降臨，鬱鬱寡歡，也就是實際感受到深愛之人已經死亡。過了一個月左右或是七七時，有些人會情緒低落到什麼都不想做，又或者每天思念逝者，活在回憶中。

最新的精神醫學認為，若過了兩週仍舊無法工作，便可判斷為憂鬱症。但是，失去最愛的人，真的能在短短兩週內重新振作嗎？

前面提過，有些場合可以讓自己「放不下」、「被影響」——而我認為喪親反應正是最可以「放不下」的情況。隨著時間過去，強烈的悲傷心情緩和了，遲早能思考其他事情、向前看。

雖然會有彷彿自己的某部分也死去的遺憾感，但等時間過去還是能重新找回自己。這時候才會相信自己「已經放下」。

Point

把「悲傷」哭出來、說出來。

練習23

想煩惱時就「痛快的」煩惱一場

一直煩惱，腦子也會累的

一般認為人並不是喜歡煩惱而煩惱，但真的是這樣嗎？個性認真的人，難道不是喜歡東想西想，對種種事物都有想去檢討分析的欲望嗎？

「我想煩惱，所以煩惱。」

人就是會有這種時候。而這時候，就別叫自己不要煩惱，盡情的煩惱才好。

就邏輯而言，煩惱個幾十個小時、幾個月是浪費時間。也有嚴厲的看法認為「再怎麼煩惱，結論都一樣」，想煩惱的人其實早對這些事心知肚明。雖然心知肚明，還是希望有能盡情煩惱、不被任何人打擾的時候。

人腦對於「專注」於一件事物的機能，本來就是有限度的。沒有人能夠十個小時不間斷的工作或唸書。長時間持續做一件事，到後來就會做不下去。換句話說，「盡情煩惱」也是有限度。

「再怎麼想大概也沒有用了。」

——像這樣等到懶得再煩惱了，心情就會平靜下來。然後：

「去吃個好吃的拉麵好了。」

——**等到腦中出現不同於正在煩惱的事，就結束了**。澈底煩惱到讓腦子厭煩，對「不被影響」而言也是必須的。

煩惱自有解答

想接受心理諮商的人當中，有些人想幫目前煩惱的事找到解答。可是，心理諮商師並不能為諮商者的煩惱提出解答或解決方案，更不會像算命師那樣給予「這麼做問題一定會解決」的指示。

傾聽諮商者的話，幫助諮商者自行找出解決辦法或者自行去處理，才是真正的心理諮商。只是一味的給答案，會使諮商者無法自立，永遠離不開諮商師。

「被情緒影響了」，說起來就是墜入海底或谷底。無可再墜，只能往上爬。「給他一條魚，不如教他釣魚」，這句話意味著「給他一條魚能吃一天，教他釣魚便一輩子不愁餓肚子」。**學習「不被情緒影響」，就像學釣魚。有時候，不是要向外尋求答案，而是要試著澈底面對自己。**學習如何處理壓力，便是終生受用無窮的財產。

畢竟，我們這一生都必須和壓力相處。

Point

學習如何與壓力相處。

練習24

無法改變就「切換」情緒

即使明白「切換情緒很重要」……

在兩人出局滿壘的絕佳機會下，一名棒球選手不幸被三振了。請想像一下他滿臉失望走回牛棚的模樣。

「懂得切換情緒很重要。」

用不著解說員開口，選手自己也會這麼想。這類自己沒表現好的失敗，是最容易被情緒影響的典型。

要怎麼做，才能順利「切換情緒」？

我曾為一位高中生J同學做過諮商，她因為沒法整理情緒而喪失自信當繭居族在家。

J同學是排球選手，是個備受期待的攻擊手，以推甄進入縣內的女子排球名校。她也非常專注在練習上，但到了二年級便常常不再是先發選手。因為隊友中出現了身高急速抽高、實力更勝過她的勁敵。

在全國高中聯賽的預賽中，終於獲得出場機會的J同學卻頻頻失誤。最後被對方逆轉得勝，錯失了晉級的機會。

由於之前一直得不到出賽機會，J同學就已經出現亂發脾氣、狂食巧克力和零食的行為，在這場比賽後，情緒不穩定的情況更加嚴重。她會莫名流淚，誰也不想見。不時會想起輸掉比賽的畫面，夜裡難以成眠。即使想放棄排球，但她認為自己沒了排球就是個毫無價值的人。

朋友也勸她「散散心就會好了」、「轉換心情很重要喔」，但就算想轉換情緒，卻什麼都不想做。由於正值學校放寒假，擔心她的父母尋找排球社顧問老師商量，老師便把J同學帶來我這裡。

如何接受無法改變的事實？

若懷疑有適應障礙或飲食障礙，那麼專家的意見就很重要，但J同學的情況，**在於能否用「輸」這個慘痛經驗幫助自己成長，所以整體性的看法更重要。**

無論是誰，學會新東西、受到稱讚、贏得比賽，都很開心。更不用說繼續學習成長對人生具有重大意義。

接下來，我們要談切換情緒的方法。輸掉了重要的比賽，就代表對方贏了，這是無法改變的事實。換句話說，便是對方的表現傑出。

承認並尊敬對方優異表現的價值，這種心理練習對各年齡層的人都很有幫助。在剛失敗或輸掉比賽的當下或許很難，但這是讓我們學習切換情緒的絕佳練習。**沒有「受挫」的經驗，便永遠無法學會切換情緒的方法。**

J同學的治療歷經三個月左右結束了。在第一次的診察中，她將當下的情緒發洩了出來。我並沒有直接告訴她前面的這些話，而是設法讓她自已發現。雖然情緒還沒有完全穩定，但她已經能夠重回校園，再度參與社團活動了。最重要的是：

「獲勝的隊伍裡，一定也有像我這樣的人吧。」

她說了這樣的話，所以我才能放心。

情緒的切換並非一蹴可幾。但是，與各式各樣的人進行諮商後，在在令我深切體會切換情緒練習的必要性。

Point

喪失自信時，請接受事實作為成長的糧食。

練習25

別讓希望成為「人生重擔」

生活中的小小希望

快被壓力壓得喘不過氣來的時候、在逆境中痛苦掙扎的時候，大家會想些什麼來鼓勵自己克服難關呢？

買東西抒解壓力、規劃國外旅遊等「犒賞自己」，都是很好的獎勵。也有很多人會去想交往中的戀人或可愛的孩子。還有人會把「我就是為了『他』而努力工作」的那個人的照片設為手機待機畫面。

只要撐過現在這個痛苦的時期，就有美好的事等著我——要和每天都讓我們疲累的壓力相處，就得有這樣的「希望」。「今天想去喝一杯」、「晚上要好好睡上一覺」，要是連這些日常生活中的小小希望都沒有了，人類將無法前進。

希望太大會壓垮自己

被醫生宣告罹癌的患者，有近半數處於憂鬱狀態。癌症專科醫師常會找精神科醫師商量，說「告訴患者罹癌病情之後，食慾變差，精神無法負荷」。

我自己也是，如果將來發現自己罹患癌症的話，我也沒有把握能夠承受。就心理因素來看有很多可能，例如失去了健康的自己、對死亡的恐懼等等，但人生的「希望」被奪走了恐怕才是最重大的一項吧。

與親人、朋友、同事相處的時間，也不知道還剩多少；每天三餐都食不下嚥、輾轉難眠……癌症患者常擺脫不了這些痛苦。

像這樣沒有希望固然痛苦，但希望過大也不是一件輕鬆的事。我認為**希望的大小要剛好，不至於成為我們的重擔才好。**

但是，事實告訴我們，即使被宣告罹癌了，還是有不少人能夠憑自己的力量振作起來。

「我要克服癌症，重享人生。」

「也許不久就會發現新療法。」

這些希望，不只是在對抗病魔時需要，在痛苦的時候也需要。但是，其中也有人因為現實過於殘酷，被自己的希望壓垮。

「是我自己不好，我不夠努力。」像這樣攻擊自己，或是：

「什麼希望都沒了。」

有時候在別人看來明明還大有希望，**卻因為自己太過沉重的希望而抹消了希望之光，情緒反而變得不安定。**

我舉的癌症話題是比較沉重，但如果一遇到難過的場面動不動便抱著大希望，這豈不是很累嗎？人們總認為希望越大越好，但有時候反而不要想得那麼嚴重，好比「如果情況好轉，就到附近的溫泉走走」，剛剛好的小希望，心情才會輕鬆。

Point

希望要「適可而止」，別把自己壓垮。

練習26

保留「遠離網路」的時間

正面面對壓力，反而會「被影響」？

二〇一一年東日本大地震時，電視上不停播放市鎮街道被海嘯吞沒的影片。過了一陣子，這些震災影片就從電視上消失了。因為有不少人在看到那樣令人震驚的場面後感到身體不適。

本人並不想看，甚至還想逃避，但是踏出家門，餐廳和電器行裡的電視無所不在。碰巧看到了，覺得很不舒服。

上面是以自然災害為例，但是看到電視內容讓人聯想到裁員、失戀、吵架等等自身正在煩惱的狀況也不少。而且看到的時候，精神方面已受到影響。

正面面對壓力不見得一定是好事。如果壓力太大，反而會讓人「被影響、放不下」。

有一種現象叫做「情境再現」（flashback）。在情境再現中，過去經歷過的恐懼、痛苦，會突然出現在眼前，栩栩如生。有時候是沒來由的發生了，有時候是被什麼事物勾起的。這樣的現象會出現在藥物成癮的人身上，也常見於「創傷後壓力症候群」（PTSD）。

避免勾起煩惱的方法

我想閱讀本書的讀者應該不至於會發生情境再現。但是，應該有不少人會因為一點小事就讓心裡的煩惱燃燒起來。依照我的印象，最近有很多人是因為在網路上看到什麼，而成了煩惱的導火線。

為了「放下」，可以試著「避開」、「略過」會引燃煩惱的事物，這是很有效的

方法，也是很健全的策略。

容我再次強調，動物不會接近會吃掉自己的對象，就像斑馬不會為了克服恐懼而向獅子挑戰，牠們是以生存為第一。但人類因大腦皮質發達，反而會去想「不想讓人認為我膽小」、「我想克服這種恐懼」。

要是已經因為失戀而痛苦得生不如死了，就不要到情侶的約會聖地去。為了錢而鬧不清的時候，就不看以金錢為主題的電視劇或電影。

尤其要特別小心社群網站。和人聯繫的安心感固然重要，但無止境的資訊，難免會令人無法「避開」，接觸到擾亂心神、傷害自己的資訊。

好比臉書，目前已有各種心理研究。有些結果是正面的，認為臉書可以提高社會信賴和奉獻社會的精神，但也有總是得去看別人炫耀，導致覺得自己不如人，幸福感降低的負面結果。此外，應該也有人很討厭被迫按讚吧。

我並不是要大家不要用社群網站。只是，保有「不上網」的時間越來越重要。例如，**「工作一小時再看一下」，設定不上網的時間，決定好哪段時間要做的事。**

要有技巧的「略過」會擾亂心神的事物或許很難，但是徹底的「避開」的話，應該有辦法做得到。但也不用因為逃避而自我厭惡，因為人類也是一種動物。

Point

知道什麼會擾亂心神，加以迴避。

練習27

放開心「接受」失眠

睡不著，不必硬逼自己睡

- 閉上眼就想到成堆的工作，睡不著。
- 一想到拋棄自己的戀人，就睡意全消。

這世上，應該沒有人不曾因為想事情或煩惱而失眠吧。

睡著前在床上煩惱比白天煩惱痛苦幾十倍的原因很多。兩者的共通點，便是不安的心情。

當四周都進入夢鄉，在漆黑之中的孤獨感，讓不安變本加厲。如果是在白天，可以看電視、上網、聊天等等降低不安感，但是夜裡卻無法這麼做。

雖然不是被關在牢裡禁止做什麼事，但如果第二天還要上班，一般都會擔心「不好好睡，明天會很難熬」吧。

在失眠的治療中，遇到這種時候會建議不要硬待在床上，可以起來到客廳或其他地方，等想睡了再回床上。一直待在床上只會越來越不安，別說睡著了，腦子反而會越來越清醒。

「今晚大概睡不著了。」

如果只是擔心睡不著，起來走走這個方法或許很有效。但如果心裡像是扎了一根刺般**為人際關係而苦的話，還是有人不管深夜或黎明都無法擺脫煩惱。**

失眠也是自然反應

良好的睡眠，是對抗壓力的基礎。持續睡眠不足，心靈會失去活力，罹患憂鬱症的風險也會提高。只是，這樣的說明應該會讓人想：

「那就得睡上七、八個小時了。」

「再這樣下去一定會生病。」而更加不安。

有時候我也會告訴患者其他的看法，好比：

「失眠，就目前而言是沒辦法的事。」

「失眠也是一種自然反應。」

遇到要優先減輕對睡眠的堅持和不安的情況時，我就會這麼說。

失眠的痛苦有其意義。例如遇到大地震或車禍等突然受到大驚嚇的那天晚上，絕大多數的人都睡不好。失戀當晚也一樣。

發生震驚之事後緊接而來的失眠，也許是為了保護我們的心靈。國立精神神經醫療研究中心的研究小組曾利用虛擬影片，以播放交通事故的現場慘況進行實驗。有半數的受試者在看過影片的那一晚仍可以好好入眠，另一半的人則是整夜熬夜無法睡。

結果得知，比起充分睡眠的人，被迫熬夜的人回想起意外場面時的恐懼感較小。原因是記憶會在睡眠中固定下來，而不睡反而讓不愉快的記憶無法留下。**把短期的失眠夜，當作是保護自己不受壓力傷害的機制**，心情多少也會輕鬆一點吧。

Point

了解失眠的意義。

練習28

尋找有相同經驗的「夥伴」

有夥伴可以減輕孤獨感

看到和自己為同樣煩惱而苦的人，會覺得「原來不是只有我啊」而鬆一口氣。這應該是因為知道有人和自己一樣，孤獨感就減輕了吧。

無論是身體的病還是心理的病，**同一病症的患者聚在一起，或是患者的家人聚在一起，不僅能就病情交換資訊，還會產生連帶感，多少減輕不安和孤獨。**

向朋友訴苦也是一個辦法，只是不知道對方是否能認同。如果是不曾失戀的人，即使向他哭訴失戀，對方也許會這樣隨口安慰：

「等你遇到下一個，就會好了。」

即使是無法訴苦的對象也沒關係，找個曾經和自己有相同煩惱的過來人，也是個減輕煩惱、放下情緒的好方法。**想到「不是只有我」，光是消除孤獨、孤立的感覺，差別就很大了。**

我偶爾也會在診察空檔向患者分享自己的經驗。

不是失戀的故事、也不是公司倒閉或是生大病，只是提到我也曾因為許多事而失眠，就有不少患者在聽了之後表示「原來醫生也有過那種經歷啊」。

原來不是只有我

名人宣布要抗癌，同為癌症患者的人們便會受到鼓舞。也有人因為東山再起的社長分享的甘苦談而重新振作的吧。只要有一個體驗過同樣痛苦的過來人，便會讓我們產生勇氣：「痛苦的，不是只有我一個。」

冷靜想想，人際關係和失戀是身為人都會有的煩惱。但是，大家卻很愛在煩惱時一廂情願的認定「只有我這麼痛苦」，導致身心變得更加孤獨，無法以自己的力量修正。

試著尋找曾與自己同樣煩惱的過來人吧。

很多藝人、明星都會公開自己的故事，但可以的話，與其找電視上的人，不如找找存在你身邊的、實際認識的人更好。

這類深入的話題，也許白天工作中不方便談，晚上小酌時比較好聊起。

我個人的經驗也是一樣，我曾在夜晚聚餐時，聽到上司或前輩不經意吐露的經驗談或喪氣話，心想「啊，原來他也會有這種煩惱啊」，大概是不安因此一掃而空吧，在將近二十年後的今天，我依然印象深刻。

要憑自己一個人的力量放下煩惱、不被情緒左右，實在很難，但別人也不見得幫得上忙。所以只要確定「不是只有我」，煩惱的程度就會不一樣了。

Point

寻找身邊和你有同樣煩惱的過來人。

國家圖書館出版品預行編目資料

不被情緒左右的 28 個練習 / 西多昌規作 . -- 初版 .
-- 臺北市 : 三采文化 , 2016.11
面； 公分 . -- （Mind Map）

ISBN 978-986-342-727-8（平裝）
1. 情緒管理 2. 生活指導
176.52 105018426

suncolor 三采文化集團

Mind Map 128

不被情緒左右的 28 個練習

作者｜西多昌規 繪者｜ Noritake 譯者｜劉姿君
副總編輯｜郭玫禎 主編｜黃迺淳
美術主編｜藍秀婷 封面設計｜徐珮綺 校對｜黃薇霓 內頁排版｜中原造像股份有限公司

發行人｜ 張輝明 總編輯｜ 曾雅青 發行所｜ 三采文化股份有限公司
地址｜ 台北市內湖區瑞光路 513 巷 33 號 8 樓
傳訊｜ TEL:8797-1234 FAX:8797-1688 網址｜ www.suncolor.com.tw
郵政劃撥｜ 帳號：14319060 戶名：三采文化股份有限公司
初版發行｜ 2016 年 11 月 25 日 定價｜ NT$320
16刷｜ 2024 年 1 月 25 日

'HIKIZURANAI' HITONO SHUKAN

Cover illustration by Noritake
Originally published in Japan in 2016 by PHP Institute, Inc., TOKYO,
Traditional Chinese translation rights arranged with PHP Institute, Inc., TOKYO,
through TOHAN CORPORATION, TOKYO.